Für Dieter Wellershoff

Und für meine Frau Ulrike, die im Auf und Ab
meines Lebens immer zu mir gehalten hat

Stephan Weidt

Über das Scheitern

Ein Essay

Bibliografische Information der Deutschen Nationalbibliothek:
Die Deutsche Nationalbibliothek verzeichnet diese Publikation in der Deutschen Nationalbibliografie; detaillierte bibliografische Daten sind im Internet über http://dnb.dnb.de abrufbar.

© 2012 Stephan Weidt

Umschlaggestaltung: Marianne Beier

Herstellung und Verlag: BoD – Books on Demand
ISBN: 978-3-8448-3896-1

Inhalt

Das da bin ich. Dieser nicht mehr ganz junge Mann, den der englisch geschnittene Anorak schmaler macht als er in Wirklichkeit ist. Eben noch ist er energisch ausgeschritten, jetzt beugt er den Kopf mit dem noch dichten, fast vollständig ergrauten Haar über die antiquarischen Bücher, die in offenen Holzkisten am Rande der Fußgängerzone aufgereiht stehen, und blättert sie mit Zeige- und Mittelfinger durch wie früher, als 18-Jähriger, die quadratischen Hüllen in den Plattenläden.

Wer ihn beobachtet, wird den Eindruck gewinnen, dass er auf sein Äußeres achtet - jemand, der sich nicht gern gehen lässt. Die Art, wie er ein Buch aus der Kiste nimmt und angestrengt, vielleicht mit schon etwas weitsichtigem Blick prüft, hat etwas Skrupulöses – fast als ob er im Begriff stünde, etwas Verbotenes zu tun, indem er das an den Ecken angestoßene, von vielen Händen abgegriffene Exemplar dieses Romans erwirbt, dessen Verfasser selbst unter Fachleuten kaum jemand kennen dürfte. Und tatsächlich: Wie andere Menschen von sich sagen würden, dass sie sich im Griff haben, würde er von sich sagen, dass er sich im *Blick* hat, vor sich steht in der Helligkeit eines Bewusstseins, das nur schläft, wenn er selbst die Augen zumacht.

Der erste Eindruck ist nicht falsch. Es stimmt, ich kleide mich mit einer gewissen Sorgfalt, ich lebe diszipliniert. Ich rauche nicht, trinke höchstens ein Glas Rotwein zum Essen (mit dem ich im übrigen keine Völlerei betreibe), gehe abends um zehn zu Bett, stehe morgens um sieben auf (manchmal früher); ich bin meiner Frau treu. Ich kenne *Der Panther* von Rilke auswendig und weiß ziemlich genau, worum es in dem Brief geht, den der Apostel Paulus an die Gemeinde in Rom schrieb. Man könnte hinzufügen: Ich spiele etwas Klavier, Gitarre, habe eine gute Stimme und bin – meine Freunde jedenfalls sind dieser Meinung – ein angenehmer Zeitgenosse, jederzeit für ein niveauvolles Gespräch zu haben und allem Schönen und Geistvollen gegenüber aufgeschlossen.

Und ich bin – gescheitert. Nein, ich bin nicht Feuilletonredakteur der FAZ, bin kein Professor, nicht mal Psychologe in eigener Praxis (die Psychologen mögen mir verzeihen), bin nicht Schriftsteller, nicht Rockmusiker. Ich bin, um die Wahrheit zu sagen: ein Mensch und sonst nichts. Ich habe keinen Beruf, bin auf keinem Gebiet Fachmann. In dem Hartz-IV-Empfänger, der vor laufender Fernsehkamera auf dem verschlissenen Sofa in der Plattenbauwohnung über die Ungerechtigkeit der Welt lamentiert, mag ich mich trotzdem nicht wiedererkennen, dann schon lieber im *Bajazzo* von Thomas Mann, jenem gefallsüchtigen Sohn eines Unternehmers, der sich, nachdem die Eltern gestorben sind, mit seinem Erbe in einer mittelgroßen Universitätsstadt niederlässt und fortan dem durch geistige Interessen veredelten Müßiggang frönt. Ich bin vielleicht der Gescheiterte einer früheren Epoche, einer Epoche, in der die Vorstellung, dass Leistung den Wert eines Menschen definiert, nicht so selbstverständlich war wie heute, ein altmodischer Gescheiterter gewissermaßen.

Bodenbildung

Wenn überhaupt, muss Scheitern absolut sein, soll der Gescheiterte irgendeinen Nutzen aus seinem Scheitern ziehen. „Bodenbildung" ist in der Sprache der Börse der tiefste Punkt in der Entwicklung eines Aktienkurses. Der Kurs hat „Bodenbildung" erreicht, sagen die Börsianer. Und meinen damit: Ab jetzt kann es nur noch bergauf gehen. Wer scheitert, muss in seinem Scheitern Bodenbildung erreichen. Er muss eines Morgens mit dem Gefühl aufwachen, dass es tiefer hinab schwerlich gehen kann. Erst jetzt wird er imstande sein, ausgestreckte Hände zu ergreifen – und Hilfe anzunehmen, ohne seinerseits Bedingungen zu stellen. Dieser Umstand macht deutlich, wie verhängnisvoll es sein kann, wenn wohlmeinende Freunde den Scheiternden zu trösten versuchen: „Ist doch alles halb so schlimm." Falsch. Der Scheiternde sieht, wenn solche intuitiven Fähigkeiten in ihm noch nicht ganz abgestorben sind, ab einem gewissen Punkt auf dem Weg nach unten sehr deutlich, dass seine letzte Chance darin besteht, die Katastrophe beim Namen zu nennen: ICH BIN GESCHEITERT!

Und das ist so schlimm, wie es sich anhört. Kann ich mich aus eigener Kraft befreien? Das Wort sagt es schon: Scheitern hat mit Freiheit zu tun. Genauer: mit der Abnahme von Handlungsoptionen. Ganz kurz bevor der Scheiternde Bodenbildung erreicht, wird er das erstickende Gefühl haben, über keinerlei Handlungsmöglichkeiten mehr zu verfügen. Es ist, als ob er vor einer Anzeigetafel steht, die schwarz bleibt, für ihn fährt kein Zug mehr.[1] Erst im Moment, wo er Bodenbildung erreicht hat, öffnet sich der Horizont – und es werden Optionen sichtbar, die sich noch einen Moment zuvor hinter falschen Hoffnungen, Illusionen und Selbstbetrug verbargen.

Das Allgemeine und das Besondere

„Sie sind sehr ehrgeizig!"

Die Dame musterte mich mit einem kühlen Blick aus Augen, deren helles Grau demjenigen ihres Haupthaars ähnlich war.

„Ich? Wieso?"

„Sie haben den Ehrgeiz, besonders zu sein. Sie fürchten sich vor der Banalität."

Nur sehr selten ist es mir in meinem Leben widerfahren, dass jemand mir etwas Neues über mich selbst mitteilte. Hier, in diesem Zimmer eines Therapiezentrums im Süden von Köln, geschah das Wunder: Ich hatte nach einer neuen beruflichen

Orientierung gesucht – und fand? einen Scharfsinn, der mir die Sprache verschlug. Ehrgeizig? Ich? Als ich mit 24 anfing, mich auf die Magisterprüfung vorzubereiten, setzte ich mir zum Ziel, eine 2 zu schaffen. Mit einer Note „gut", sagte ich mir, würde ich zufrieden sein. Das war kein Ehrgeiz! Da kannte ich ganz andere Beispiele! „Ich kann Ihnen sagen..."

„Das meine ich nicht", unterbrach mich die Therapeutin, der ich noch heute dankbar bin. Denn nun folgten jene zwei markigen Sätze, die mir seither zu einer Begleitmelodie meines Lebens geworden sind. Und für immer wird sich mir die Vorstellung von Unbestechlichkeit mit dieser Frau verbinden, die meinen mutmaßlichen Versuchen, ihren Blick auf mich zu manipulieren, mit Entschiedenheit widerstand.

Manchmal helfen uns gerade jene Menschen am meisten weiter, denen wir am wenigsten sympathisch sind. Dieser Dame war ich ganz offensichtlich so unsympathisch, dass sie mich sofort an einen Kollegen delegierte: „Ich kann die Gespräche mit Ihnen nicht führen." - Der Kollege erwies sich als vernünftiger, kompetenter Mann, hielt sich aber mit Kommentaren zurück, ließ vor allem mich reden und unterbrach mich nur, wenn er das Gefühl hatte, dass die Maschine „heißlief". Ich denke gerne an die Treffen mit Herrn A. zurück, aber welches der richtige Beruf für mich ist, wusste ich nach den sechs Nachmittagen so wenig wie zuvor.

„Fachmann für das Allgemeine": So ist der Beruf des Schriftstellers oft definiert worden. Aber: Auch ein Fachmann für das Allgemeine ist noch immer ein Fachmann. Wer einmal versucht hat, einen Roman zu schreiben und damit zu Ergebnissen gelangte, die nicht nur seinen besten Freund oder Tante Helga interessieren, weiß, wovon ich rede. Wenn ich kein Schriftsteller bin, hat das ernste Konsequenzen: Es bedeutet, dass ich mich entscheiden muss. Für Menschen, denen eine Gabe wie die des Schriftstellerns nicht zur Verfügung steht, gliedert sich das Allgemeine in eine unüberschaubare Zahl von Besonderheiten, und als reifer Mensch sollte ich imstande sein, aus dieser großen Zahl von Besonderheiten zu wählen. Wenn ich ehrlich bin: eine grauenvolle Perspektive. In unserem Zeitalter hochgradiger Spezialisierung gibt es Menschen, die ihr Leben damit verbringen, Ab- oder Zunahme der Population von Blattschneiderameisen an den Rändern des brasilianischen Regenwaldes zu untersuchen. Es gibt Menschen, die ihr Leben der Frage widmen, wie sich die Anordnung der Atome in bestimmten Materialien verändert, wenn diese Materialien einem Lichtimpuls ausgesetzt werden. Und es gab da jenen Unglückseligen, der neben mir an der Werkbank saß und Fräserköpfe entgratete – ich machte diese Arbeit für vier Wochen, er für den Rest seines Lebens.

Als junger Mensch sah ich im Fernsehen einmal einen Beitrag über eine Familie, die irgendwo in den Alpen ihr Geld damit verdiente, Stockkörper herzustellen. Der Film zeigte Menschen, die auf einem zugefrorenen See Eisstockschießen spielten, und ein Kommentator erklärte aus dem Off die besondere Qualität der von Familie XY hergestellten Stockkörper. Ich war fassungslos. Es gab Menschen, die einen erheblichen Teil ihrer (kostbaren) Lebenszeit damit zubrachten, solche Dinger herzustellen – und stolz darauf waren. Bedachten diese Leute denn nicht, dass sie irgendwann sterben würden? Und sollte dann nichts von ihnen zurückbleiben als diese lächerlichen Stockkörper? In der Arroganz meiner 20 Jahre, von denen ich allerdings nur den geringsten Teil darauf verwendet hatte, mich im Verständnis für meine Mitmenschen zu üben, wurden die Stockkörper für mich zum Sinnbild eines vergeudeten Lebens. Ich hielt es einfach für unangemessen, angesichts der Tatsache, dass man sterben musste, seine Zeit mit solchem Spielzeug totzuschlagen. Warum steckten diese Menschen nicht all ihre Energie in das Nachdenken über den Sinn des Lebens, wie ich das tat? Dem 20-Jährigen, der sich entschlossen hatte, Philosophie zu studieren (wenn auch nur als Nebenfach, zu etwas anderem fehlte ihm der Mut), blieb es unbegreiflich, dass Menschen nicht wissen wollten, was die Welt im Innersten zusammenhält – und nicht wenigstens einmal *versuchten*, Platon, Hegel oder Nietzsche zu lesen. Der Gedanke, dass so etwas wie ein Sinn sich eher im Tun als im Nachdenken zeigen könnte, war mir damals noch überhaupt nicht gekommen (und ob dieser Gedanke einer genaueren Prüfung standhält, wird sich noch zeigen). Erst mussten bestimmte Grundfragen der Existenz geklärt sein, dann konnte ich anfangen, darüber nachzudenken, womit ich meine knapp bemessene Lebenszeit ausfüllen wollte. Dazu gehörte auch die Berufsfrage. Die stand bei mir erstens im Verdacht, höchst speziell zu sein (s.o.) und war zweitens noch *sehr* weit weg. Ich hatte ja gerade erst mit dem Studium begonnen.

Als ich dann – eine knappe Dekade später – den Beruf des Pressereferenten ergriff, hatte ich bald das quälende Gefühl, von anderen Menschen mehr mit diesem Beruf identifiziert zu werden, als mir lieb war. Ich wurde zum Opfer eines Phänomens, das man vor allem von Partys kennt: „Und, was machst du so?" - „Ich arbeite als Pressereferent beim Bundesverband der..." Nach meinem Gefühl hätte ich jetzt sagen können: „Kaninchenzüchter". Oder: „ökologischen Gummibärproduzenten." Oder: „halbseitig Gelähmten mit Spitzfußkontraktur". Natürlich (natürlich?) entsprach das nicht den Tatsachen, und aufrichtig, wie ich bin, immer schon war und leider immer sein werde, vervollständigte ich: „...der deutschen Gas- und Wasserwirtschaft." Keiner meiner Gesprächspartner kam auf die Idee, eine Identität meiner Person, wie er sie dort am Salatbuffet antraf, mit einer Tätigkeit für die Gas- und Wasserwirtschaft zumindest in Zweifel zu ziehen. Oh nein! Stattdessen: „Wow! Da hast du wohl eine eigene Sekretärin?" Ja, die hatte ich. Allerdings alarmierte es mich jeden Morgen, wenn ich vor dem Spiegel im Bad stand, aufs heftigste, dass mir das schnurzegal war. Davon abgesehen, verdiente ich so viel, dass ich bereits anfing, Dinge zu kaufen, nur weil sich, sagen wir, das damals ultracoole Nokia 5110 in der Hand wesentlich besser anfühlte als das Geld in der Gesäßtasche.

Tatsache war, dass sich der einstige Nietzscheleser in der Stockkörperproduktion wiederfand. Meine Magisterarbeit hatte ich über Gottfried Benn geschrieben, meine ersten Pressemitteilungen handelten von Pestizid- und Nitratgrenzwerten für das Trinkwasser oder der Frage der Durchleitung von Erdgas durch die Pipelines konkurrierender Unternehmen. Ein Journalist für Presse- und Öffentlichkeitsarbeit muss sich in alles einarbeiten können! Und ich arbeitete mich ein – und registrierte sehr genau, wie ich jedesmal, wenn Achtungsbezeugungen mehr meiner Arbeit als meiner Person zu gelten schienen, innerlich ein kleines bisschen leerer und unglücklicher wurde. Zugegeben: Auf jemanden, der sich, wie man so sagt, mit seiner Arbeit identifiziert, muss das seltsam wirken.

Die Freuden der Anpassung

„Was bleibt, wenn man vom Menschen 'an sich' den homo sociologicus abzieht?" (aus dem   Artikel zum Stichwort „homo sociologicus" der Internetplattform Wikipedia)

Resignation ist ein in unserer Gesellschaft sehr gering geschätztes Verhalten. Ein ganzer Berufszweig nährt sich – mehr oder weniger redlich – davon, dass Menschen glauben, sich den Kampf um die Verwirklichung ihrer Ansprüche schuldig zu sein. Die Waffen, mit denen man sich ein Leben lang gegen Widerstände behauptete, aus der Hand fallen zu lassen, nein, das geht nicht, um des lukrativen Erwerbs willen!, da behüte die gesamte Motivationstraining- und Coachingindustrie vor! Wer je Augenblicke der Resignation erlebt hat, weiß, wie befreiend das sein kann: „Ich benehme mich ungehobelt", sagt Johan im Verlauf der *Szenen einer Ehe*[2] einmal, nachdem er seiner Frau gestanden hat, dass es da eine andere gibt: „Was werden die Eltern sagen, was wird deine Schwester denken, was werden unsere Freunde denken, Jesus, wie die sich das Maul zerreißen, wie wird es auf unsere Kinder wirken, und was werden die Mütter ihrer Schulfreundinnen denken, und..." Hier hebt Johan die Stimme. „...was wird aus den Mittagessen und den Partys, zu denen wir im September und Oktober eingeladen sind, und was sagen Peter und Katharina?" Er macht eine Pause. „Zum Teufel mit all dem Quatsch!" Welcher Zuschauer kann das nicht nachempfinden, wer seufzt nicht mit Johan auf, selbst wenn ein solches Loslassen die Dynamik einer bereits in Gang gekommenen Krise dramatisch potenziert, mit unabsehbaren Konsequenzen für alle Beteiligten?

Ebenfalls aus einer Zeit, in der das „Ausbrechen aus einem als falsch erkannten Leben" zu den fast selbstverständlichen Topoi der Literatur wie des Films gehörte, stammt *Verlauf eines Sommers*, ein Roman des Österreichers Gernot Wolfgruber: Zusammen mit dem Protagonisten, den eine Lebenskrise in den Suff und zu immer absurderen

Ausweichbewegungen treibt, beobachtet der Leser, wie ein Mann, den der U-Bahn-Schacht zur nachmittäglichen Rush-Hour ausspuckt, in die Knie geht, die Krawatte, Symbol moderner Knechtschaft, „mit Bewegungen wie ein Schlafwandler", „ruhig und bestimmt" abbindet, danach Hemd, Hose und Schuhe auszieht, bis Passanten hinzuspringen, ihn festhalten und so dem gespenstischen Treiben ein Ende machen.[3] Die demonstrativ vom Autor inszenierte Geste ist kraftvoll genug, um sich als wehleidig und pathetisch zelebrierte Leistungsverweigerung auf immer ins Hirn des Lesers einzugraben. 2012 kann das, man spürt es sofort, nicht geschrieben sein. Wer heute auf sich hält, ist tough, cool und leistungsbereit und knotet sich die Krawatte eher noch etwas fester, während ihn der Fahrstuhl – und zwar fünf Minuten vor der Zeit, denn nur das ist die wahre Pünktlichkeit[4] – zum Chef hinaufträgt. Man muss nicht Müller heißen, um die Freuden der Anpassung schätzen zu lernen; es genügt, Freunde zu haben, denen nichts wichtiger ist als das neueste I-Phone, Winterjacken von Barbour und 200 PS unter der Haube. Und, Hand aufs Herz: Wer gewillt ist, Verantwortung zu übernehmen, indem er eine Familie gründet, hat damit das sicherste Mittel gewählt, sich zum Sklaven seines Chefs zu machen. Wer seiner Frau zum Geburtstag mehr als einen Blumenstrauß schenken und die lieben Kleinen mit den neuesten Klamotten von Hilfiger oder Chiemsee ausstatten will, zu schweigen von laufenden Unterhalts- und Tilgungskosten für Haus, Auto und Altersvorsorge, wird sehr – sehr! - weitgehende Zugeständnisse machen, bevor er es sich mit seinem Chef verdirbt.

Um sich hier nicht vom Morgen bis zum Abend, jahrein, jahraus einem zugespitzten Konflikt auszusetzen, wird sich der Familienvater, der zugleich Arbeitnehmer, also Lohnempfänger in einem abhängigen Beschäftigungsverhältnis ist, unmerklich zunächst, dann immer entschiedener innerlich so verändern, dass er das Zugeständnis nicht mehr als Zugeständnis wahrnimmt und den Konflikt nicht mehr als Konflikt: Wes Brot ich ess, des Lied ich sing. Das Ergebnis kann dann jener, sich seiner selbst wenig bewusste Mensch sein, der zu den zentralen gesellschaftlichen oder existentiellen Fragen eine Meinung hat, die sich trübe aus all dem mischt, was Chef, Kollegen und Freunde ihm zu denken nahe legen, jene Menschen also, auf deren Umgang unser Mann entweder nicht verzichten kann (der Chef, die Kollegen) oder will (die Freunde). Dagegen ist niemand gefeit. Bleibt, um die diesem Kapitel vorangestellte Wikipedia-Wendung hier aufzugreifen, nichts vom Menschen übrig, nachdem man den homo sociologicus abgezogen hat, ist der Befund düster. Und wer sich fragt, was denn zum Beispiel Phänomene wie den Nationalsozialismus möglich gemacht habe, der sollte sich einmal für eine Woche auf einer beliebigen Büroetage eines beliebigen Unternehmens tummeln – und zwar, wenn das irgend möglich ist, ohne sich durch Abhängigkeit die Freiheit des Blicks nehmen zu lassen.

Das Glück der Reduktion

Was ich da tat, war die Reaktion auf den Schock, den mir ein traumatisierendes Erlebnis beschert hatte, eine banale Frauengeschichte, wenn man es von außen betrachtet, aber der Schmerz, die Kränkungen und Verletzungen einer Trennung machen mein Verhalten vielleicht verständlich: Ich saß am Tisch einer Caféteria der Marburger Universität, an der ich – zur Probe – eine Woche lang Vorlesungen hörte, und beobachtete über den Rand meines Kaffeebechers hinweg die Studenten an den anderen Tischen, beobachtete ihr Kommen und Gehen, senkte hin und wieder den Blick, um mich zu vergewissern, dass alle Gegenstände, die ich auf dem Tisch vor mir ausgebreitet hatte, noch an ihrem Platz waren – und spürte, dass ich mich besser zu fühlen, dass sich mein Gleichgewicht wieder herzustellen begann. Auf dem Tisch lagen: ein Roman (ein Taschenbuch, das ich mir hier gekauft hatte), der *Spiegel*, ein Päckchen Zigaretten nebst Feuerzeug, ein Stoß Papier, ein Füllfederhalter. Außerdem befand sich ein aus Aluminium gefalteter Aschenbecher auf dem Tisch und der Becher mit dem allmählich kalt werdenden Kaffee.

Ich weiß nicht mehr, wie lange ich so dort saß; die Begebenheit liegt fast 30 Jahre zurück. Ich weiß aber noch sehr genau, dass ich an jenem Tisch zum ersten Mal ein Glück empfand, das ich seither nicht mehr missen möchte. Ich nenne es das Glück der Reduktion. Ich weiß noch wie heute, dass ich das durchdringende, mich schließlich vom Zeh bis zum Scheitel ausfüllende Gefühl hatte, nichts anderes zu brauchen als die paar Utensilien, die vor mir auf dem Tisch lagen, nichts anderes zu wollen und auf nichts anderes mehr angewiesen zu sein. Ich war frei. Ich hatte die Leinen gekappt. Ich war nicht mehr abhängig von irgendwem oder irgendwas (im Hinterstübchen meines Bewusstseins kauerte die Erinnerung, dass es ja eigentlich M. war, von der ich mich hatte lösen wollen, aber es war, als wäre M. plötzlich zu einem Synonym für all das geworden, was den Menschen durch zu große Zuneigung unfrei macht). Damit das so blieb, durfte ich allerdings an der Ordnung auf dem Tisch nichts ändern. Hin und wieder nahm ich den *Spiegel* zur Hand, las einen Artikel, um das Heft dann wieder an seinen Platz zu legen. Mit dem Roman machte ich es genauso. Wenn mir beim Lesen ein Gedanke kam, unterbrach ich meine Lektüre und notierte ihn. Dann las ich in Ruhe weiter. Ich hatte Zeit. Niemand drängte mich. Wichtig war nur, dass ich die Gegenstände, die ich zur Hand nahm, behutsam anfasste – wie etwas Kostbares, Zerbrechliches. Und dass ich sie wieder an den Platz legte, den ich einmal für sie gefunden hatte (z.B. lag das Taschenbuch am linken Rand des Tisches, nahe der von mir entfernten linken Ecke). Ich griff vorsichtig nach ihnen, hob sie behutsam auf, legte sie behutsam wieder ab – und konnte sicher sein, dass, solange niemand in den Raum einbrach, den meine abgezirkelten Bewegungen schufen, alles gut war. Alles war in Ordnung. Die Welt, das waren jene 80 x 80 cm; was sich jenseits davon abspielte, war ein Durcheinander, dem ich – eben weil es keine für mich erkennbare Ordnung aufwies – nur eine Wirklichkeit von fadenscheiniger Beschaffenheit zugestehen konnte: sozusagen von löchriger Konsistenz. Dicht gewoben war das Leben nur hier, in meinem allernächsten Umkreis. Alles hatte hier ein Gewicht, das jeden einzelnen Augenblick zu Boden sinken ließ, wo ich ihn in Ruhe betrachten konnte, bevor ich ihn – ebenso behutsam wie das Buch oder die Zeitschrift oder die nächste Zigarette – aufhob, um ihn davon flattern und dem nächsten Augenblick Platz machen zu lassen. Ich bin selten so glücklich, ja euphorisch gewesen wie an jenem Nachmittag in der Caféteria, aber was mir widerfahren war, merkte ich mir genau, und ich habe in meinem Leben seither unzählige Male das Glück der Reduktion genossen, wieder und wieder, an den unterschiedlichsten Orten. Ich erinnere mich, wie ich an einem herrlichen Frühsommernachmittag auf dem Balkon meines Studentenzimmers in Münster *Mysterien* von Knut Hamsun las, die Füße auf den schmiedeeisernen Girlanden des Geländers abgestützt, das Buch auf dem Schoß, glücklich, noch mehrere Stunden bis zur Abenddämmerung so verbringen zu können. Ich weiß, wie ich dachte: Egal, was dir im Leben zustoßen wird, *das* kann dir keiner mehr nehmen, das Glück dieses Nachmittags. Auch in Zukunft wirst du immer wieder eine Möglichkeit finden, solche Stunden zu verleben: ein Buch auf dem Schoß, die warme Luft, die sanft die Haut streichelt, das Gezwitscher der

Vögel in den Bäumen... Und so war es auch, ich habe dieses Glück immer wieder erlebt, und manchmal denke ich, auf meinem Grabstein sollte stehen: Er hat gelebt, um zu lesen. Und dann sage ich mir, dass das doch kein schlechtes Fazit ist. Aber im nächsten Moment spricht irgendwer oder irgendetwas in mir (und manchmal kommt mir das wie die Stimme eines Dämons vor), dass man sein Leben doch nicht verträumen darf. Stimmt. Denn da wäre ja noch die leidige Notwendigkeit, Geld zu verdienen. Daran denke ich in jenem Moment auf dem Balkon, den Roman von Hamsun auf dem Schoß, nicht, aber im Laufe der Jahre, die dem Moment folgen, wird das Problem drängender ...und drängender...und drängender...

Perspektivwechsel

Wozu ist das gut? ist eine Frage, die den, der sie stellt, als jemanden ausweist, der von dem, was „das" überhaupt ist, nicht das Geringste begriffen hat. (Das macht die Frage, wozu das Leben denn gut sei, häufiger formuliert mit den Worten: Was ist denn der Sinn des Lebens? - ihrerseits so fragwürdig!)

Die Perspektive ist das Entscheidende. Wer fragt, wozu etwas gut sei, betrachtet dieses Etwas von außen, nimmt es als Ganzes in den Blick und setzt es in Beziehung – zu sich, zu gesellschaftlichen Normen, Geboten, Verboten, Lebensentwürfen oder dem Bruttosozialprodukt. Nicht von ungefähr fühlt sich unter diesem Blick schnell verletzt, wer *in* diesem Etwas steckt, und zwar so darin steckt, dass es ihn wie eine zweite Haut umschließt (und folglich einen Teil seiner Identität ausmacht). *Sein* Blick setzt das, worin er steckt, nicht in eine – immer auch Bedeutung und Wahrheitsanspruch relativierende – Beziehung zu etwas, was außerhalb davon liegt; vielmehr ist diese Haut, die ihn umschließt, so mit ihm selbst verwachsen, dass es vollkommen einleuchtet, wenn er sagt: „Ich kann nicht raus aus meiner Haut!"

Die Frage, was denn der Sinn des Lebens sei, ist eine Frage, die das Leben als Ganzes in den Blick nimmt. So fragen kann nur, wer dem Leben gegenübersteht – es von außen betrachtet, nicht aus der Innenperspektive. Der Mensch zeichnet sich gegenüber dem Tier u.a. dadurch aus, dass er imstande ist, diese – paradoxe – Perspektive einzunehmen: Teil von etwas zu sein, das größer ist als er und das er doch zugleich von außen betrachten kann. Im allgemeinen nimmt der Mensch diese Außenperspektive ein in Momenten der Krise, der Verstörung, wenn er das selbstverständliche Verhältnis zu sich, seinem Tun, seinem Alltag verliert. („Selbstverständliches Verhältnis" ist aber bereits ein Widerspruch in sich: Wenn ich mich zu etwas ins Verhältnis setze, bezeichne ich damit schon ein Moment von Fremdheit und Distanz.) Schwierig wird es, wenn ein Mensch dem Leben nicht nur in Augenblicken der Krise, sondern dauerhaft gegenübersteht, es dauerhaft von außen betrachtet. Wenn sich eine solche Haltung professionalisiert, etwa indem der Betreffende Philosophieprofessor wird, führt das bereits auf einen der vielen, ja unzähligen Wege nach innen, also ins Leben hinein. Gelingt eine solche Professionalisierung nicht, wird der Betreffende nicht Philosoph, nicht Schriftsteller und findet er auch keinen anderen Weg ins Leben, dann wird es gefährlich.

Das Erlebnis am Tisch der Caféteria in Marburg war ein Glückserlebnis, aber es war noch etwas anderes: Damals traf ich eine Entscheidung. Ich entschied mich, vom Leben Kenntnis zu nehmen, indem ich Bücher darüber las. Ich entschied mich, eine Perspektive einzunehmen, die mich so weit „entrückte", dass ich das Leben als Ganzes in den Blick bekam und es mir zugleich auf Abstand hielt. Die Gegenstände auf dem Tisch waren mir nah, aber das war eine ungefährliche Nähe, im strengen Wortsinn waren es keine Gegenstände, sie standen nicht gegen mich, widerstanden mir nicht: Ich verfügte über sie. Dass ich sie nach Benutzung immer wieder an denselben Platz zurücklegte, war der Versuch, die letzten Reste ihrer Eigenständigkeit zu bändigen. Ich blieb außerhalb des Etwas, das sich in der Caféteria abspielte, jenes Durcheinanders, dem ich – gerade wegen seines Mangels an Ordnung – nur besagte „Wirklichkeit von fadenscheiniger Beschaffenheit" zugestehen konnte. Junge Männer und Frauen saßen an den Tischen, plauderten, diskutierten lautstark, dichte Schwaden von Rauch standen in der Luft, die nach Schweiß, Kaffee und Essen roch. Hinter der Theke, meinem Tisch gegenüber, öffnete sich der Zugang zur

Küche, aus der Geschirrgeklapper drang. Die Glastür, die in den Flur des Universitätsgebäudes hinausführte, schwang ständig auf und zu, Leute kamen und gingen, ich sah das nicht nur, ich spürte es, weil jedesmal ein leichter Luftzug über mich hinstrich, und das hätte ich – es war Februar – unter weniger glücklichen Umständen vermutlich als störend empfunden. Erst jetzt bemerkte ich den Studenten, der dort am Tisch mit einem aufgeschlagenen Buch auf dem Schoß saß, versunken, ohne Kontakt zu seiner Umgebung zu halten…

Das Problematische an einem solchen Eindruck war natürlich, dass er zu einem Perspektivwechsel ermunterte. Was uns vertraut vorkommt, macht das Sich-Einfühlen leichter, und es war nicht von der Hand zu weisen, dass der Mann dort mit dem aufgeschlagenen Buch sich zu seiner Umgebung auf eine Weise verhielt, die derjenigen ähnlich war, die ich an jenem Nachmittag für mich entdeckt hatte. Die Verwandtschaft war so offensichtlich, dass ich um ein Haar in ihn hineingeschlüpft wäre, um die Umgebung einmal probeweise mit seinen Augen wahrzunehmen. Sicher war die Versuchung groß; vielleicht habe ich ihr sogar nachgegeben. Ich werde wohl *mit dem jungen Mann* einen Blick zu mir herüber geworfen haben, und ich werde wohl eine Beute des abgründigen Gedankens geworden sein, dass ich für den Mann mit dem Buch ganz ebenso Teil jener Wirklichkeit von fadenscheiniger Beschaffenheit sein mochte wie er es für mich war. Das wird mich verwirrt haben. Ich werde mir zugeredet haben, dass das wohl kaum sein könne. Vermutlich war das Buch, das der Mann da las, ganz belanglos, ja ja, das kannte man. Und vermutlich hatte der Strom des Lebens ihn nur vorübergehend an Land gespült, um ihn bald schon wieder zu erfassen und mit sich zu reißen. Wenn ich das damals dachte, dann sicher nicht unter Zuhilfenahme solcher Metaphern, aber klar war: *Der* stand dem Leben nicht gegenüber, der war Teil davon – oder empfand sich doch so. Irgendeinen Unterschied zwischen seiner Wahrnehmung der Welt und meiner musste es ja schließlich geben!

Das Problem, das ich mir nicht klarmachen wollte, war: Ich musste mich früher oder später vom Tisch losreißen. Die Wirklichkeit von fadenscheiniger Beschaffenheit – war nicht sie es, in die ich eintauchen würde, sobald ein körperliches Bedürfnis – Hunger, Durst oder der Drang, auf die Toilette zu gehen – mich veranlasste, aufzustehen, meine Tasche zu packen und das zu tun, was notwendig war, um das Bedürfnis zu stillen? Schon der Gedanke daran, Zeitschrift, Buch, Papier und Füllfederhalter in meinen Rucksack packen, Zigaretten und Feuerzeug in der Hosentasche verstauen zu müssen, trug ganz erheblich dazu bei, den Augenblick zu entzaubern. Ich schob ihn deshalb beiseite; er kehrte indes in immer kürzeren Abständen wieder, darin dem Gedanken an die Notwendigkeit, Geld zu verdienen, verwandt, der im Verlaufe meines Studiums auch immer drängender wurde. Zur Kapitulation kam es, als ich mir klarmachen musste, dass die fadenscheinige Wirklichkeit eine deutlich gegen mich gerichtete Allianz mit besagtem Gedanken einging, sich sozusagen auf seine Seite schlug: Die Caféteria hatte sich ziemlich geleert, jemand hatte die Deckenlichter eingeschaltet, die Bedienung wischte die Theke. Der Moment war gekommen, es war Zeit zu gehen.

Doch in gewissem Sinne könnte man sagen: Etwas in mir *ist* nicht gegangen. Etwas in mir hat es nicht geschafft, sich vom Tisch loszureißen, sitzt noch immer dort, dem Leben gegenüber, und noch immer kenne ich das Glück des Überblicks, der Perspektive, die alles zueinander in Beziehung setzt, aber...sollte ich nicht...jetzt...na gut, aber dann jetzt ...aufstehen, um...ja, was eigentlich?

Die Wirklichkeit

Haben nicht die klügsten Geister, haben nicht Max Weber, Georg Simmel, Niklas Luhmann oder Gerhard Schulze die Wirklichkeit, deren Ausschnitt ich mich in der Caféteria gegenüber fühlte, wort- und kenntnisreich genug beschrieben? Ich werde nicht den Versuch machen, diesen komplexen Beschreibungen eine weitere hinzuzufügen. Aber soviel eben doch: Jene Wirklichkeit, die ich meine, zeichnet sich nicht durch das Vorhandensein fest umrissener Gestalten aus. Hätte mein Blick einzelne der Menschen, die um mich herum an den Tischen saßen, herausgegriffen, so hätte ich das Empfinden einer Wirklichkeit von fadenscheiniger Beschaffenheit nicht gehabt (und tatsächlich durchbrach ja die Beobachtung des in sein Buch versunkenen jungen Mannes auf verwirrende Weise diesen Eindruck). Fest umrissen waren die Gegenstände meiner nächsten Umgebung: das Buch, die Zigaretten, das Papier. Was sich jenseits der Tischkante abspielte, war ein bedeutungs- und gestaltloses Durcheinander aus sich kreuzenden Blicken, umher wirbelnden Sprachfetzen, Gesten und Bewegungen, und das Glück, das ich empfand, war – auch! - das Glück, von einer immerwährenden Anstrengung abzulassen, es war das Glück der Resignation: Ich würde es endgültig aufgeben, die Wirklichkeit verstehen zu wollen (schon damals keimte in mir der Verdacht, dass ich die Zeitschrift und das Buch, die vor mir lagen, umso gelungener finden würde, je besser sie darin waren, die Wirklichkeit durch etwas anderes zu ersetzen, also – um dieses etwas abgenutzte Bild hier zu gebrauchen – vor der Wirklichkeit einen bunt bemalten Vorhang herabzulassen, den ich dann für die Wirklichkeit halten durfte – die Zeitschrift, der Journalismus also, erfüllte diesen Zweck nur ungenügend, weshalb ich im Laufe der Jahre dazu überging, fast ausschließlich Romane zu lesen).

Scheitern findet in der Wirklichkeit jenseits der Tischkante statt, so scheint es zumindest. Dummerweise entzieht sich, wer einfach sitzen bleibt, sich nicht vom Tisch losreißt, jener Wirklichkeit nicht, im Gegenteil, er schafft eine der *Voraussetzungen* dazu, in ihr zu scheitern.

Also kommt es darauf an, aufzustehen, wenn die

Bedienung die Theke wischt, seine Sachen zu packen und diesen geschützten Ort zu verlassen. Es kommt darauf an, sich das Leben von innen anzusehen, und das scheint am einfachsten zu gehen, indem man etwas tut: „Wie lernt man sich selbst kennen?" fragt Goethe.[5] Um gleich darauf zu antworten: „Durch Betrachtung niemals, wohl aber durch Handeln." Und er setzt hinzu: „Versuche deine Pflicht zu tun, und du weißt gleich, was an dir ist." Gut hört sich das an, aber was ist denn meine Pflicht? „Die Forderung des Tages", sagt Goethe, aber ist das wirklich eine Antwort?

Im Deutschunterricht hatten wir Siggi Jepsen über die Schulter gesehen[6], der von seinem Lehrer dazu verdonnert worden war, einen Aufsatz über „die Freuden der Pflicht" zu schreiben – und dabei an seinen Vater denken musste, der, jedweder Autorität hörig, seine Pflicht darin sah, das Malverbot zu überwachen, mit dem sein Freund, der bekannte Maler Max Ludwig Nansen von den National- sozialisten belegt worden war.[7] - „Ich habe nur meine Pflicht getan", jene fast achselzuckend vor- gebrachte Entschuldigung all derer, die den Nazis ihre Existenz gesichert hatten, hatte den Begriff der „Pflicht" für lange Zeit diskreditiert. „Pflicht", nein, jedenfalls nicht als „Forderung des Tages", wie es der alte Mann aus Weimar definiert hatte, sondern als ein Handeln in Übereinstimmung mit dem eigenen Gewissen! Der Pflichtbegriff nicht all derer, die mitmarschiert waren, sondern das Ver- ständnis von Pflicht, das jene gehabt hatten, deren Leben unter dem Fallbeil endete, vor der Mauer oder am Strang! Ich konnte mir nicht helfen: Jener Polizeiwachtmeister in Siegfried Lenz' Roman ähnelte zum Verwechseln einer anderen Figur, die leider keine Erfindung, sondern traurige Wirklichkeit gewesen war. Ich meine den Hausmeister der Münchner Universität, der die Geschwister Scholl an die Gestapo verriet, nachdem sie im Lichthof Flugblätter verteilt hatten! Es schüttelte einen, wenn man an solche Pflichterfüller dachte!

Kult der Genauigkeit

Gab es, so hätte der Mensch von Anfang, Mitte zwanzig, der ich einmal war, fragen können, etwas Wichtigeres, als die Fähigkeit, sich genau auszudrücken? In den genauen Ausdruck legten wir unseren ganzen Ehrgeiz. Ihm galt unsere Aufmerksamkeit. Hätte mich damals jemand gefragt, worauf es im Leben ankommt, ich hätte geantwortet: Es kommt darauf an, über sich Auskunft geben zu können. Dazu gehörte: 1. über sich nachzudenken und 2. ausdrücken zu können, welche Entdeckungen man dabei macht. Du bist verstimmt? Erklär mir, was genau empfindest du? Wie, du bist dazu nicht imstande? Was ist mit dir los? Hast du schlecht geschlafen? Bist du dehydriert? Hier, nimm einen Schluck Wasser, dann versuch es noch einmal. Es kann ja nicht sein, dass du nicht imstande bist, uns deine Empfindungen zu beschreiben (wenn schon nicht zu erklären). Der Mensch von Anfang 20, der ich war, übte sich von morgens bis abends darin. „Wie soll man das sagen" oder „Ich weiß nicht, wie ich das sagen soll" oder „Dafür gibt es keine Worte" waren Verlegenheitsfloskeln, die ich nur sehr ungern verwendete. Wenn ich feststellen musste, dass ich über ein Thema zu wenig wusste, um genau, differenziert und fundiert darüber zu sprechen, hielt ich lieber den Mund. „Es tut mir leid, davon hab ich keine Ahnung", war meine Standardauskunft, wenn mein Vater mich in politische Diskussionen verwickeln wollte. Der Aufwand, mich zu dem Grad an Einsicht vorzuarbeiten, der nötig gewesen wäre, um deutlich jenseits des Stammtischniveaus politische Qualitäten einzelner Mitglieder der SPD- oder CDU-Führungsriege zu erörtern, schien mir unverhältnismäßig hoch, also ließ ich es. Es war aber dann eine Frage der Ehre, zu einem solchen Problem keine Meinung zu äußern.

Irgendwann fing ich an, mich nicht nur beim Reden, sondern schon beim ganz alltäglichen Denken dem Genauigkeitsanspruch zu unterwerfen. Ich sagte mir: Du darfst es dir nicht erlauben, einen Gedanken kommen und wieder gehen zu lassen, ohne ihm eine gültige sprachliche Form zu geben. Ein Gedanke, der vorüberging, ohne Gestalt zu gewinnen, war ein verlorener Gedanke, und ich hatte das Empfinden, es müsse irgendetwas Ungutes mit mir anstellen, wenn ich so viele Gedanken aus meinem Kopf entließ, ohne sie sprachlich druckreif geformt zu haben. (Vielleicht fürchtete ich auch nur, es könne mir bei solcher

Schlampigkeit jener eine, der entscheidende Gedanke entgehen, der mir das Rätsel meines Lebens aufschloss, und das wäre in der Tat unverzeihlich gewesen!)

Was da kam und ging, musste nicht unbedingt ein Gedanke sein, es konnte sich auch um ein Gefühl, um eine flüchtige Stimmung handeln (und vielleicht wird ja etwas erst zum Gedanken durch eine bestimmte sprachliche Gestalt, und solange es diese Gestalt nicht angenommen hat, ist es nicht Gedanke, sondern Gefühl). Betrat ich zum Beispiel ein Geschäft, um eine Lampe zu kaufen, konnte es mich zur Verzweiflung bringen, wenn ich nicht imstande war, meiner Begleiterin in allen Einzelheiten zu erklären, warum ich dieses Lampenmodell mit den in waagrechter Linie angeordneten Milchglaskugeln jenem mit zylinderförmigem Schirm vorzog; ich empfand das als Manko (hingegen hätte mich eine solche Unfähigkeit bei meiner Begleiterin überhaupt nicht gestört, ich hätte sie wohl ganz normal gefunden). Der nächste Schritt konnte dann darin bestehen, dass ich *alleine* in diesen Laden ging, mir die unterschiedlichen Modelle genau ansah, sie in Gedanken möglichst präzise beschrieb und im Kopf eine kleine Erörterung über verschiedene Typen von Lampen verfasste, das Licht, das sie ausstrahlten, ihre ästhetischen Eigenarten, und warum es aufgrund der Tatsache, dass ich der Mensch war, der ich war, nicht anders sein konnte, als dass ich eben diese Lampe mochte und nicht jene.

Es leuchtet sofort ein, dass ein solches Verhalten

im Alltag zu Problemen führen muss. Man denkt viel langsamer als man fühlt und handelt. Ich begriff, dass, wenn ich mich halbwegs „normal" und angepasst verhielt, die Gedanken keine Chance hatten Schritt zu halten. Ich musste mir Zeit geben, um Wahrnehmungen, Erlebnissen und Empfindungen die für mich befriedigende sprachliche Gestalt zu geben, und das konnte, wie ich einsah, nur gehen, indem ich die Zahl dieser Wahrnehmungen, Erlebnisse und Empfindungen reduzierte, und zwar drastisch.

Nach und nach vereinfachte und reduzierte ich mein Handeln so, dass ich jederzeit möglichst genau vor mir selbst (und, wenn es darauf ankam, auch vor anderen) Auskunft darüber geben konnte: über Motive zum Beispiel, die Zweck-Mittel-Relation – und wie sich ein Handlungsschritt zu der Tatsache verhielt, dass ich irgendwann sterben würde. Es kam mir darauf an, jederzeit begründen zu können, warum ich das eine tat und das andere unterließ. Ich machte bald die Beobachtung, dass es viel schwieriger ist, Tun zu begründen als Unterlassen (es kommt allerdings darauf an, vor welcher Instanz wir uns rechtfertigen!). Die zwangsläufige Folge davon war, dass ich immer weniger tat und mir für alles, was ich tat, immer mehr Zeit nahm. Ich traf seltener Freunde. Ich ging seltener aus. Überhaupt verließ ich meine Studentenbude kaum noch, es sei denn zu nächtlichen Spaziergängen, die mir die Sicherheit gaben, niemandem zu begegnen. Manchmal blieb ich tagelang für mich, und nur die Notwendigkeit, einzukaufen oder etwas zu essen zu besorgen, lockte mich hinaus. Was mir an äußeren Eindrücken fehlte, ersetzte ich durch Lektüre. Ich las vom Morgen bis zum Abend. Ich stand nur auf, um mir eine weitere Kanne Tee aufzubrühen, auf die Toilette zu gehen oder den Aschenbecher auszuleeren. Mit dem Bleistift strich ich mir Sätze an, die mir gefielen oder wichtig erschienen, an den Seitenrändern machte ich mir Notizen. Auf dem Schreibtisch vor dem Fenster, das auf einen asphaltierten Hof hinausging, lagen Füllfederhalter und Papier bereit, für den Fall, dass irgendetwas von dem, was ich las, mich zu eigenen Gedanken inspirierte. - Das ganze Arrangement bildete bis in Einzelheiten die Szenerie in der Caféteria der Marburger Universität ab, nur der *Spiegel* fehlte, ich hatte es mir fast vollständig abgewöhnt, Zeitungen oder Zeitschriften zu lesen. Wie seinerzeit in der Caféteria, wie auf dem Balkon der Studentenbude, die ich vorher bewohnt hatte, genoss ich auch hier das Glück der Reduktion. Dabei war es wichtig, dass die nächste Umgebung stabile Rahmenbedingungen bot. Nichts durfte verändert werden. Merkwürdig kam ich mir erst vor, als mich ein Freund besuchte, dem ich klarmachte, dass er sich wohl auf den Platz setzen dürfe, auf dem ich sonst saß, sich aber nicht wundern dürfe über den Haufen Zucker, den ich versehentlich auf dem Tisch verstreut hatte. Ich hatte es bisher nicht über mich gebracht, ihn zu entfernen, aber wie sollte ich das meinem Freund erklären? Ihn zu entfernen, hätte bedeutet, an meiner nächsten Umgebung eine – wenn auch geringfügige – Veränderung vorzunehmen, und ich war mir nicht sicher, ob das nicht dazu führen konnte, dass die Welt jenseits der Tischkante in meine so wohlgeordnete Welt einbrach – als ob der Haufen Zucker der Korken war, der eine Flasche mit bösen Geistern verschloss. Würde das zarte Gespinst meiner Gedanken nicht zerreißen, wenn ich an dem doch als unveränderlich gedachten Arrangement nun doch etwas änderte?

Natürlich war schon der Besuch des Freundes als solches – der, wenn er sich hier wiedererkennen sollte, verzeihen wird, weil er sicher begreift, wie es gemeint ist – eine Bedrohung, ich konnte ja nicht wissen, ob ich in einem Zimmer, in dem seine Gegenwart – auf welche Weise übrigens? - nachwirken würde, wieder in meine Welt zurückfand. Ein Besuch wie der meines Freundes (und viele Freunde hatte ich zu diesem Zeitpunkt nicht mehr) versetzte mich, wenn er angekündigt war, schon Stunden vorher in eine quälende Unruhe, ja Panik, und ich verfluchte mich, dass ich gesagt hatte, ja, ich sei da, verfluchte mich, dass ich überhaupt ans Telefon gegangen war!

Dazu muss man wissen, dass sich das Telefon in einem zentral gelegenen Raum im Studentenwohnheim befand. Von dort führte ein langer Gang in den linken Flügel des Gebäudes, an dessen Ende, vom Gang durch zwei Türen getrennt, sich mein Zimmer befand, und diese Entfernung zwischen dem Telefon (mit dem man im übrigen nur angerufen werden konnte, da es durch ein Schloss gesichert war) und meinem Zimmer entsprach ziemlich genau derjenigen, die ich in der Caféteria meiner Umgebung gegenüber *empfunden* hatte, ohne dass sie dort räumlich real gewesen wäre.

Der Raum mit dem Telefon diente zugleich als Aufenthalts- und Fernsehzimmer. Abend für Abend versammelten sich die meisten der etwa 25 Bewohner hier und in der angrenzenden Küche, um gemeinsam fernzusehen und zu kochen. Ich beteiligte mich nie an diesen Zusammenkünften. Ich hatte mich schon in den ersten Wochen davon überzeugt, dass die gelöste Stimmung, die an solchen Abenden herrschte, nichts für mich war. Ich schätzte das Durcheinander der leicht und scherzhaft hin und her schwirrenden akustischen und optischen Signale überhaupt nicht, es überforderte – und unterforderte mich zugleich. Meine Fähigkeit zur Reizverarbeitung litt erheblich unter meinem Anspruch, alles, was um mich herum geschah, gedanklich nachzuvollziehen; zugleich war mir das, was sich zwischen den Mitbewohnern auf verbaler Ebene abspielte, zu trivial. In meinem Zimmer warteten *Schuld und Sühne*[8], *Das Bildnis des Dorian Gray* oder *Licht im August* auf mich. Ich musste nur eines dieser Bücher aufschlagen, um mich in einer Welt wiederzufinden, in der alles, was geschah, von Bedeutung war, nicht wie hier, in der Großküche, wo eine Frage wie die nach der Bedeutung dessen, was geschah, niemals eine Antwort finden würde (was mich bis heute nicht daran hindert, diese Frage zu stellen). In gewisser Weise könnte man sagen, dass ich mit dem Wechsel in jenes Zimmer am Ende des Ganges Fortschritte

gemacht hatte – der Wirklichkeit von fadenscheiniger Beschaffenheit war ich nun auch räumlich entrückt. Ich war im Begriff, um mich herum
jene Leere zu schaffen, die Platz macht für – ja, für
was eigentlich?

Leere und Fülle

Aber noch war es ohnehin nicht soweit. Denn die
Leere, die ich um mich herum zu schaffen im
Begriff stand, war ja randvoll, auch wenn diese
Fülle für Außenstehende unsichtbar blieb. Es war
eine Leere voll von fremdem Leben: dem Leben
der Figuren, die Schriftsteller aller Zeiten und Län-
der unter Zuhilfenahme des Baumaterials erfunden
hatten, das ihnen ihr eigenes Leben, ihre Er-
fahrungen, ihre Zeit zur Verfügung stellten. Im
Fremden findet der Leser immer Bruchstücke des
Eigenen, die in ihm selbst so verschüttet sind, dass
er sie ohne die „Arbeit", die gute Lektüre an uns
leistet, niemals zu Tage fördern würde. Mithilfe
dieser Bruchstücke kann er sich eine Identität
bauen, die weitaus komplexer ist als die des Alltags
– was sowohl jenen recht gibt, die behaupten,
durch das Lesen guter Literatur lerne sich der
Mensch besser kennen als auch jenen, die das
Lesen belletristischer Werke generell unter Es-
kapismusverdacht stellen (bzw. die Auffassung
vertreten, die komplexe Identitätskonstruktion
spiele dem stets auf der Lauer liegenden Hang des
Menschen zum Größenwahn in die Hände). Richtig

ist: Der Leser eines Romans entdeckt sich, aber er erfindet sich auch. Gefährlich wird es, wenn sein Bewusstsein an diesem Prozess der Selbsterfindung nicht beteiligt ist, und das dürfte bei all jenen Romanen der Fall sein, die auf Illusion, Identifikation und Katharsis setzen, mit anderen Worten: der großen Mehrheit. Ich erinnere mich nur zu gut, wie ich, den Kopf voll Dostojewskij, in der nächtlichen Stadt spazieren ging: Ich hatte wenig Mühe, mir vorzustellen, ich hielte einen Knaufstock in der Hand, trüge einen Zylinder auf dem Kopf und eilte über den Newskij Prospekt, auf der verzweifelten Suche nach jemandem, über dessen Kopf ich den Schwall meiner neuesten „Ideen" ausschütten könnte – statt, wie es den Tatsachen entsprach, auf der Steinfurter Straße unterwegs zu sein. Jedem noch so wohlmeinenden Streiter für die kreativitäts- und phantasiefördernden Eigenschaften dessen, was er „das gute Buch" nennt, dürfte, wenn er in müßigen Augenblicken in sich geht, bewusst sein, dass die konservative Kulturkritik des 18. und 19. Jahrhunderts so unrecht nicht hatte, als sie die Freuden des in Mode gekommenen Romanelesens verteufelte.[9] Ich jedenfalls sah mich angesichts der Identität eines Raskolnikov, oder, schlimmer: Stawrogin, in die ich geschlüpft war, außerstande, bei Charlotte, der einzigen nach Mitternacht noch geöffneten Imbissbude, die es in dieser mittelgroßen Universitätsstadt gab, „Pommes Majo" zu bestellen, es musste dann schon „eine Portion Pommes frites mit Mayonnaise" sein – was prompt dazu führte, dass ich nicht verstanden wurde und meinen Wunsch wiederholen musste. Und das, ich kann mir nicht helfen, kommt mir symptomatisch vor.

Licht und Dunkel

Man muss imstande sein, das, was man täglich in der Arbeit tut, vor sich selbst zu verbergen. Unsere Zeit betont den Stellenwert von Reflexion zu sehr. Von Thomas Mann stammt der Ausspruch: „Kunst ist Leben im Lichte des Gedankens"[10], aber nicht jeder Mensch ist ein Künstler (auch wenn Joseph Beuys da anderer Meinung war) - und nicht jeder will es sein. Viele Menschen können nicht aus ihrer Haut, weil die Beschränkung der Perspektive auf die Innensicht eine der Voraussetzungen dafür ist, dass sie imstande sind, ihr Leben zu leben: ihre Arbeit zu tun, den Umständen, in denen sie leben, die Treue zu halten. Für die meisten wäre es eine unvorstellbare Zumutung, genötigt zu sein, sich bei dem, was sie tun, ständig selbst zusehen zu müssen - es also in taghellem Bewusstsein zu tun. Das ist - neben Schüchternheit, Selbstschutz, Introvertiertheit usw. - ein möglicher Grund, warum ein Mensch nicht imstande ist, über sich Auskunft zu geben: Er ist es nicht gewohnt, sich bei dem, was er tut, zuzusehen. Im Gespräch kann ein solcher Mensch langweilen, man erfährt nichts über ihn - aber ob er noch imstande wäre, zu tun, was er tut, wenn er den Abstand dazu hätte, der erforderlich ist, um dieses Tun nachvollziehbar zu kommunizieren, eigene Bedeutungsansprüche zu relativieren, probeweise und spielerisch die Perspektive seines Zuhörers einzunehmen, ist in vielen Fällen zumindest fraglich, und es ist sehr gut möglich, dass es sich bei unserem Redemuffel um einen auf seinem Gebiet hervorragenden Praktiker handelt, dessen Leistung diejenigen seiner Konkurrenten in den Schatten stellt. Jeder kennt Fernsehdiskussionen, in denen der Unternehmer nicht imstande ist, den Erfolg seines Geschäftsmodells zu erläutern - das muss der ebenfalls anwesende Wirtschaftswissenschaftler übernehmen. Entgegen allen Unkenrufen sind Schriftsteller manchmal sehr dankbar, dass es Literaturkritiker gibt - bisweilen erklären die ihnen ihre eigenen Werke. Und in dem Film *Gerhard Richter Painting* ist es keineswegs Richter selbst, der die klügsten Mutmaßungen anstellt, sondern ein Kunsthistoriker, der, nicht ohne Mühe, versucht, dem Maler zu entlocken, wann und woran er denn merke, dass an einem Bild nichts mehr zu tun bleibe, die Arbeit also abgeschlossen sei.[11] Natürlich gibt es Gegenbeispiele: Vom ehemaligen UNO-Generalsekretär Dag Hammarskjöld wissen wir, dass er sich trotz seiner aufreibenden Tätigkeit täglich eine Stunde Zeit nahm, um Romane zu lesen[12], was, wenn es sich um Literatur und nicht Schund handelt, jedenfalls eine reflexionsfördernde Beschäftigung ist, und unter seinen nachgelassenen Papieren fand sich jenes religiöse Tagebuch, das unter dem Titel *Wegmarken* sehr bekannt werden sollte.[13] Auch Hammarskjölds Bemühen, *Ich und Du* von Martin Buber ins Schwedische zu übertragen (das Manuskript wurde im Wrack des Flugzeugs gefunden, in dem der Generalsekretär ums Leben kam) zeugt von einem Menschen, der imstande war, viel zu leisten – und doch zugleich über sich und die Grundlagen seines Tuns nachzudenken. Dieser Wechsel zwischen Innen- und Außen-perspektive liegt nicht jedem, und nicht jeder ist imstande dazu. Dass es sich um einen Wechsel handelt, dass ein Wechsel hier notwendig ist, muss man sich klarmachen: Ich kann nicht völlig außer-halb und zugleich völlig innerhalb eines Tuns sein. Konkreter gesprochen: Ich kann nicht im selben Moment eine Matheaufgabe lösen – und über den Sinn und Zweck des Lösens von Matheaufgaben nachdenken. Ich muss mich entscheiden: Entweder ich löse jetzt diese Aufgabe *oder* ich denke darüber nach, ob ich es überhaupt für sinnvoll halte, diese Aufgabe (oder *irgendeine* Matheaufgabe) zu lösen. Um eine Aufgabe gut zu lösen, darf ich eben gerade *nicht* über ihren Sinn nachdenken, jedenfalls nicht im selben Moment. Und wenn ich es doch tue, dann muss ich in dem Moment damit auf-hören, wo ich mit dem Lösen der Aufgabe anfange (der Wechsel!). Was Wunder, wenn unter solchen Voraussetzungen der Forscher, der aus dem Labor ans Tageslicht zurückkehrt, von dort etwas mit-bringt, was nur einer Handvoll Eingeweihter über-haupt verständlich ist. Fragen Sie einmal die Physikstudentin im 10. Semester, die mit Elektro-nenbeugung arbeitet, um atomare Strukturen zu analysieren, was denn der Sinn und Zweck ihres Tuns ist. Die Wahrscheinlichkeit, dass Sie darauf eine befriedigende Antwort erhalten, sollten Sie nicht zu hoch veranschlagen. Wahrscheinlich ist vielmehr, dass die Studentin über Ihre Frage den Kopf schüttelt, zeugt sie doch von einer Verständnislosigkeit, die nur jemand zeigen kann, der selbst noch nie physikalisch geforscht hat. Wie soll sie also Ihnen, einem komplett Uneingeweihten, erklären, wie sehr es sie fasziniert, das Muster des Elektronenstrahls auf dem Phosphorschirm zu betrachten, wie sehr sie es liebt, die Geräte für den Versuch vorzubereiten, das PC-Programm aufzurufen, mit dessen Hilfe die Elektronenkanone den 15 – 20 Nanometer dünnen Metallfilm aus Wismut mit einem Impuls von einigen 100 Femtosekunden beschießt, wie Ihnen deutlich machen, welches Glücksgefühl sie dabei empfindet? - Nein, das zu erklären, kommt nicht in Frage, sie wüsste nicht, wie, es gibt dafür keine Worte, überhaupt, wie soll man ein Glück erklären, dass ja darin besteht, in etwas aufzugehen, alles um sich herum zu vergessen? Sinn und Zweck? Das ist eine Frage, die jemand stellt, der nichts, aber auch gar nichts von dem begreift, was sie hier tut – es ist eine Frage *von außerhalb*. Und sie lässt sich zwar nichts anmerken, bleibt freundlich, aber tief in ihrem Innern kann sie doch nicht anders als den, der da fragt, ein klein wenig belächeln.

PR-Leute sind es, die in einem Unternehmen, einer Behörde, an einer Universität an der Schwelle zwischen Innen und Außen stehen (zumindest wenn sie begriffen haben, dass gute Öffentlichkeitsarbeit etwas anderes als Werbung ist). Sie holen das, was im Innern eines – ökonomischen, wissenschaftlichen oder bürokratischen – Tuns passiert, mit der einen Hand hervor, um es, durch eine besondere Übersetzungsarbeit verwandelt, mit der anderen Hand nach draußen weiterzureichen. In Meldungen und Berichten, die sie speziell für die mediale Öffentlichkeit formulieren, leisten sie etwas, was der Praktiker, der Fachmann, der Forscher oft nicht leisten: Arbeitsergebnisse zu bewerten, ihre Bedeutung klarzumachen, ihren gesellschaftlichen Nutzen, eben: die für den Praktiker oft so uninteressante und manchmal verletzende Frage nach dem Sinn und Zweck seines Tuns zu beantworten.

Wir haben heute eine Situation, in der jeder zum PR-Manager in eigener Sache wird. Ein Pluralismus der Lebensmodelle und -stile, der Herkunft, Religionszugehörigkeit, Wertvorstellungen und Meinungen stört uns dort auf, wo wir gerade sind (und sei der Fuchsbau noch so tief), zerrt uns ans Tageslicht, wo wir uns, da jedes Tun seine Selbstverständlichkeit eingebüßt hat, für das unsere rechtfertigen, es nachvollziehbar erläutern, zur Diskussion stellen, vergleichen und einordnen müssen. Wir tanzen, aufgescheucht, auf der Schwelle zwischen Innen und Außen und sind mit der Darstellung dessen, was wir tun, meist kaum weniger beansprucht als mit diesem Tun selbst.

Und genau hier lauert eine große Gefahr. Ich hatte zu Anfang dieses Kapitels darauf hingewiesen, dass man imstande sein muss, das, was man täglich in der Arbeit tut, vor sich selbst zu verbergen. Wenn Sie jeden Arbeitsschritt auf seinen Sinn hin befragen, mag das einem hohen Ideal dienen, ist aber nicht praktikabel. Ich kann mich nicht jederzeit so verhalten, dass ich mir, anderen, Gott oder der Gesellschaft verständlich bleibe. Wenn ich immer nur soviel mache, wie ich zu erläutern imstande bin, wird mir genau das passieren, was ich in einem früheren Kapitel beschrieben habe: Ich werde mein Handeln dem Gang meines Reflexionsvermögens anpassen, und da, wie schon erwähnt, Denken üblicherweise langsamer ist als Handeln, wird mein Handeln langsamer werden - um womöglich irgendwann ganz aufzuhören.

Nennen wir es das Zuckerhaufensyndrom.

Jemand, der „professionell" ist, weiß, was er zu tun und zu lassen hat. Wer professionell ist, muss über das, was er tut, nicht nachdenken – es ist ihm, wie man sagt, in Fleisch und Blut übergegangen. Irgendwann, als er ausgebildet wurde, haben Lehrer ihm erklärt, *warum* etwas so sein muss und nicht anders, *warum* er dieses tun, jenes unterlassen soll, aber inzwischen, 30 Jahre später, hat er manches vergessen, und das ist auch nicht schlimm. Zum Problem wird das erst, wenn jemand – ein Schüler zum Beispiel – von außen kommt und Fragen stellt: Warum muss... welchen Grund hat... warum ist es wichtig, dass... Unser Profi, sagen wir z.B.: ein Altenpfleger, sonst souverän, kann plötzlich ganz schön ins Schwitzen kommen. Von sich selbst überrascht, muss er feststellen, dass er zwar alle für den Job nötigen Handgriffe beherrscht, durch die Fragen des Schülers, der ihm beim Arbeiten über die Schulter sieht, aber in einer ihm unbegreiflichen Weise irritiert und in Unruhe versetzt wird. Es ist, als ob der fremde Blick, der von außen kommt, diesen Handgriffen die Selbstverständlichkeit nimmt: Plötzlich kann sich der Profi vorstellen, dass es zumindest *möglich* wäre, beim bettlägerigen Bewohner erst den Arm, der ihm zunächst liegt, zu waschen und dann den anderen, und er muss sich einen Augenblick besinnen, um sich wieder bewusst zu machen, warum nur die Reihenfolge, in der er gewaschen hat, in Frage kommt: erst den Arm auf der ihm abgewandten, dann den auf der ihm zugewandten Seite zu waschen (der Grund ist, dass man den Arm, nachdem er gewaschen ist, sofort abtrocknet und dass, wenn man den weiter entfernt liegenden Arm als zweites wäscht, man Gefahr läuft, den gerade erst abgetrockneten zunächst liegenden Arm wieder nass zu tropfen, da die Hand mit dem Waschlappen auf ihrem Weg von der Waschschüssel zum entfernt liegenden Arm notwendig den Oberkörper... usw. - Ein besonders quälendes Beispiel dafür, dass Denken langsamer als Handeln ist.) Der Schüler – der fremde Blick, die Fragen eines Menschen, der von außen einen Blick auf die Tätigkeit wirft – zwingt die Pflegekraft (die hoffentlich eine Qualifikation zur Praxisanleiterin besitzt), ihr Handeln dem Gang ihres Reflexionsvermögens anzupassen, wenn sie in dem, was sie tut, dem Schüler verständlich bleiben will. Sie wird also langsamer werden (eine echte

Herausforderung, wenn die 12 Bewohner, für die sie zuständig ist, um 9 Uhr gewaschen und angezogen ihr Frühstück zu sich nehmen sollen – 12 Bewohner in zwei Stunden, das macht im Schnitt 10 Minuten pro Bewohner, 10 Minuten, in denen die Pflegekraft einen alten Menschen geweckt, aus dem Bett geholt, zur Toilette gebracht, gewaschen und angezogen haben muss!), sich zugleich aber doppelt so sehr anstrengen, denn jetzt handelt sie nicht nur, sie muss auch denken – und das alles um den Preis, dass jeder Arbeitsschritt, vorher ein geschlossenes, intuitiv vollführtes Ganzes, sich unter ihrem neu oder erstmalig erwachten kritischen Blick in seine Bestandteile zerlegt, die theoretisch so oder auch anders wieder zusammengesetzt werden können. Einer solchen Beunruhigung hätte sich die Pflegekraft, man versteht es gut, lieber nicht ausgesetzt: Was war die Zeit doch so schön, als noch kein Schüler sie mit seinen Fragen nervte (und in Pflegeeinrichtungen sollte man darüber nachdenken, Praxisanleiterinnen aus dem täglichen Pflegeprozess herauszunehmen – sofern das bezahlbar ist!).

Man kann der Feststellung Thomas Manns, wonach Kunst „Leben im Lichte des Gedankens" sei, diejenige Ernst Blochs zur Seite stellen, der vom „Dunkel des gelebten Augenblicks"[14] spricht. Vor diesem „Dunkel" kann sich der Mensch fürchten. Wenn kein Gedanke sein Licht auf den Augenblick wirft, in dem ich handle, muss ich dann nicht fürchten, die Kontrolle zu verlieren? Vom

Gedanken kann ich mich im Moment des Handelns nicht leiten lassen – ich kann unmittelbar davor gedacht haben und kann es auch unmittelbar danach wieder tun, aber selbst in einer sehr anspruchsvollen und komplexen Abfolge von Handlungsschritten muss es Momente geben, in denen vollkommene Dunkelheit – die Dunkelheit des Tuns – den Gedanken ablöst, und das kann dem Menschen Angst machen, besonders, wenn ihm die Wirklichkeit – jene jenseits der Tischkante – Verletzungen zugefügt hat. Wem fügt allerdings die Wirklichkeit nicht Verletzungen zu? Hier, an dieser Stelle, scheiden sich die Geister. Die einen werfen sich, nachdem die Wunde verarztet ist, wieder ins Getümmel, werden wieder und wieder verletzt, spüren aber von Mal zu Mal weniger, weil sich auf ihrer Erlebnisfähigkeit gleichsam eine Hornhaut bildet, die sie unempfindlich gegen Schmerzen macht – die anderen bleiben dünnhäutig, nehmen ihre Zuflucht beim Gedanken, tun, was sie tun, nur noch in seinem Licht, meiden fortan das Dunkel des gelebten Augenblicks – und werden so zum Beobachter, zum Zaungast des Lebens, zu einer jener Figuren, wie sie Thomas Mann in vielen seiner Erzählungen beschreibt.

Sich nicht vom Tisch losreißen zu können, muss nicht heißen, dass man Schriftsteller oder Philosoph wird, es ist allerdings eine Möglichkeit: Die Leere in jenem Zimmer am Ende des Ganges fordert dazu heraus, gefüllt zu werden, zum Beispiel mit eigenen Schöpfungen – oder den Schöpfungen anderer. „Irgendwann", sagt der emeritierte Professor in Luchino Viscontis *Gewalt und Leidenschaft*[15], der einsam nur mit der Sammlung von Bildern lebt, die die Wände seines römischen Palazzos schmücken, „irgendwann habe ich mich entschieden, mich nicht mehr mit den Menschen zu befassen, sondern nur noch mit ihren Kunstwerken", ein Entschluss, der jenem gleichkommt, vom Leben ausschließlich noch Kenntnis zu nehmen, indem man Bücher darüber liest.

Wie aber ist es möglich, dass, wer einen solchen Entschluss gefasst hat, sich darauf einlässt, als Pressereferent für die deutsche Gas- und Wasserwirtschaft zu arbeiten?

Einmal unterstellt, Sie haben an einer Massenuniversität studiert (Münster, Bonn, Freiburg, Marburg, suchen Sie sich eine aus), gesetzt ferner, Ihre Freundin hat Sie kurz vor dem Umzug in die Universitätsstadt verlassen (oder umgekehrt). Sie fühlen sich willens und bereit, sich neu zu verlieben – und plötzlich, siehe da, gibt es ein Problem, und zwar eines, mit dem Sie nicht gerechnet haben und dass Ihnen nicht zu Unrecht paradox vorkommt: An der Universität, an der Sie sich immatrikuliert haben, studieren, sagen wir: 20.000 Frauen, alle jung und mindestens jede zweite davon hübsch. Die eine hat ein Gesicht, geprägt wie auf einer römischen Münze, die andere einen Körper wie, lassen wir das, die dritte fällt Ihnen auf, weil sie, wenn sie Ihnen den Kopf zudreht, auf eine Weise lächelt, die Sie wegen der vollkommenen Symmetrie, mit der die Mundwinkel zwei Grübchen berühren, die sich links und rechts der Nase befinden, an irgendjemanden erinnert... Usw.! Die Frage, in welche der 10.000 Sie sich „denn mal" verlieben könnten, wird zur ersten grausamen Überforderung Ihres noch jungen Erwachsenenlebens, und solange Ihnen nicht der Zufall zur Hilfe kommt und irgendeine Art von Beziehung zwischen Ihnen und einer der Damen anknüpft, wird sich daran auch nichts ändern. Sie können dann höchstens mit den Fantastischen Vier ausrufen: „Ist es die da? Oder nicht eher die da?"[16], und die ganze Situation wird Ihnen mächtig den Kopf verdrehen.

In einer ganz ähnlichen Situation befand ich mich, als ich nach meinem Studium und einer Fortbildung zum (Fach-)Journalisten für die Presse- und Öffentlichkeitsarbeit vor der Frage stand, in welcher Branche oder an welchem Ort ich mir eine Tätigkeit vorstellen könnte.

Ich wollte zunächst in dem Bundesland bleiben, in dem ich studiert hatte, das immerhin stand fest. Darüber hinaus war alles beliebig: Ob ich für den Verband des deutschen Friseurhandwerks oder den der pneumatischen Senkfußakrobaten arbeiten würde, war mir gleichgültig, also tat ich, was in einer solchen Situation nahe liegt: Ich bewarb mich bei beiden – und einer Reihe weiterer Arbeitgeber in verschiedenen Städten an Rhein und Ruhr. Beim Bundesverband der deutschen Gas- und Wasserwirtschaft klappte es schließlich.

Ich hatte mir im Kopf ein Modell gebastelt, an dem ich in den nächsten Jahren mein Leben orientieren wollte. Ich brauchte einen Broterwerb nicht nur, weil der Mensch von irgendetwas leben muss, ich brauchte ihn auch, um dahinter zu verbergen, was mir eigentlich am Herzen lag, nämlich die Arbeit an Geschichten und Romanen, ich wollte diese Arbeit vor dem zudringlichen Blick anderer schützen. Da meine Aufmerksamkeit ganz dieser Leidenschaft galt, war es mir nur recht, dass mich die Belange der Gas- und Wasserversorgungswirtschaft überhaupt nicht interessierten. Ich bildete mir ein, ich könne meinem Broterwerb ohne innere Beteiligung nachgehen.

Wie es sich üblicherweise mit Kopfgeburten verhält, starb auch diese bereits in der frühen Kindheit. Was ich mir vorgestellt hatte, funktionierte nicht. Nach einem Tag im Büro war ich so erschöpft, dass an ernsthafte literarische Arbeit nicht zu denken war: Auch nur ein paar halbwegs passable Sätze zu Papier zu bringen, war eine Strapaze, der ich mich bald nur noch mit zähneknirschender und verzweifelter Disziplin aussetzte. Umgekehrt schadeten diese Anstrengungen aber meiner Arbeit in der Pressestelle, und schon morgens, wenn ich kettenrauchend hinauf auf den Hardtberg, zum modernen, mit viel Stahl und Glas gebauten Verbandsdomizil fuhr, türmten sich vor mir all die kleinen und großen Katastrophen, Zwistigkeiten und ungelösten Probleme auf, wie sie für die Arbeit in der Pressestelle eines Wirtschaftsverbandes nun einmal typisch sind – nur machte mich eine durch das Schreiben gleichsam hochgezüchtete Empfindlichkeit zunehmend unfähig, mit solchen Herausforderungen angemessen umzugehen, ja Probleme überhaupt in den richtigen Proportionen wahrzunehmen. Eine entwickelte Wahrnehmungs- und Beobachtungssensibilität neigt dazu, wohin ihr Blick auch fällt, aus Mücken Elefanten zu machen, unbewusst vielleicht – in dem Versuch, den Ereignissen soviel Gewicht zu geben, dass das eine langsame, verarbeitende Gedankentätigkeit rechtfertigt. In jedem Fall handelt es sich um ein Verfahren, das für das Schreiben einer Erzählung oder eines Romans unentbehrlich ist (also auch für die solchem Schreiben zugrunde liegende Beobachtungstätigkeit), dumm nur, wenn das Leben, dem man so begegnet, sich dem, wie wir gesehen haben, sehr viel langsameren Gang der Gedanken nicht anpassen will. Wer je in einer Pressestelle gearbeitet hat, in der der größere Teil des Tages *nicht* darin besteht, Kaffee zu trinken, weiß, wovon ich rede: Sie können eine 8-h-Schicht, in der Sie 20 oder 30 Telefonate und ein Krisengespräch beim Mittagessen führen, sich mit Ihrer Sekretärin auseinandersetzen und eine Pressemitteilung abstimmen mussten, für deren Abfassung Sie zwei Stunden Zeit hatten, nicht gedanklich verarbeiten. Während Ihres Tuns (in jenen Momenten ausschließlichen Tuns, auf die kein Gedanke sein Licht wirft) besitzen Sie allenfalls das, was Sartre das unreflektierte Bewusstsein nennt, Sie sind, um mit seinen Worten zu reden, „in die Welt der Objekte versenkt"[17]. Folgt man dem – nicht nur zum Zeitpunkt der Abfassung dieser Zeilen sehr phänomenologisch orientierten – Philosophen einen Moment, so darf man die Überraschung erleben, dass er einem eine Erklärung anbietet, warum das Dunkel des gelebten Augenblicks (die vollkommene Dunkelheit des Tuns) dem Menschen Angst machen kann: „Wenn ich einer Straßenbahn nachlaufe, wenn ich auf diese Uhr schaue, wenn ich mich in die Betrachtung eines Porträts vertiefe, gibt es kein Ich. Es gibt Bewußtsein *von-der-einzuholenden-Straßenbahn* usw. [...] ICH bin verschwunden, ich habe mich vernichtet.“[18] Da der Mensch, wie Dietrich Bonhoeffer schreibt, geradezu ich-*süchtig* ist[19] (Kursivsetzung von mir), muss ihm der nur gelebte, aber nicht unter das Licht des Gedankens gestellte Augenblick Angst machen. Dabei lässt sich allerdings kaum übersehen, dass sich die meisten Menschen vor dieser Dunkelheit *nicht* fürchten. Woran liegt das? Wenn es, wie Sartre schreibt, „auf der unreflektierten Ebene“ kein Ich gibt[20], wenn dieses Ich „nicht Eigentümer des Bewusstseins“, sondern „nur“ (Anf.-Striche von mir) „dessen Objekt“[21] ist – müsste man dann den Schluss ziehen, dass viele Menschen über ein Ich gar nicht verfügen?

Es gab und gibt immer wieder Menschen, die behaupten, man könne zugleich hier und dort sein: im Dunkel des gelebten Augenblicks – und in der Helligkeit des Bewusstseins (und zwar des, wie Sartre es nennt, setzenden oder thetischen Bewusstseins im Unterschied zum nicht-setzenden, prä-reflexiven). Stoiker und Mystiker etwa empfehlen die Einkehr in sich selbst, das Bei-sich-selbst-Zufluchtsuchen als Mittel gegen eine bedrängende Außenwelt, und das soll sich gerade in der Hektik des Alltags bewähren (eines Alltags, der nur zu schnell den Menschen sich selbst entwendet). Liest man etwa die Briefe von frère Laurent, einem französischen Laienbruder, der in einem Karmeliterkloster des 17. Jahrhunderts den Küchendienst verrichtete, so kann man den Eindruck gewinnen, dass da ein Mensch in ununterbrochenem (und durch nichts zu unterbrechenden) Kontakt zu seinem Gott steht: Gleichgültig, wie hektisch es zugeht und auch, wenn zig Leute ihn gleichzeitig bestürmen – frère Laurent lebt den Augenblick im Bewusstsein (!) seiner Verbundenheit mit Gott.[22] - „Der innere Mensch sammelt sich schnell", behauptet auch Thomas von Kempen, „er verliert sich niemals ganz an die Außenwelt."[23] - Und der römische Kaiser Marc Aurel empfiehlt in seinen *Selbstbetrachtungen*: „Kannst du doch, so oft du nur willst, dich in dich selbst zurückziehen. Gibt es doch nirgends eine stillere und ungestörtere Zufluchtsstätte, als die Menschenseele."[24] Und er versteigt sich zu der Behauptung, dass die Außenwelt „gar keinen Einfluss auf die Seele [hat]; sie hat keinen Zugang zur Seele und kann sie weder umstimmen noch irgend bewegen..."[25] - Was hätte ich, als ich noch zwischen klingelnden Telefonen, Faxgerät und Computer hin und her hechelte wie ein Windhund, dessen zwei Herrchen sich unentwegt einen Ball zuwerfen, der doch eigentlich ihm gehört, von dem Rat gehalten, mein Leben „nie ganz in den Geschäften aufgehen zu lassen"?

„Mögen sie dich töten", schreibt der Kaiser, „zerfleischen, mit ihren Verwünschungen verfolgen. Kann deine denkende Seele nicht trotzdem rein, verständig, weise, gerecht bleiben?"[26]

Kann sie das?

Und wie stellt sie das an, wenn es zutrifft, dass „das Werk in der Welt...ja nur dort vollbracht werden [kann], wo der Mensch sich selbst vergisst, wo er sich an die Sache, an die Wirklichkeit, an die Aufgabe, an das Es verliert"?[27] Das Es, das ist die Welt der Dinge, der Objekte, und der Christ Bonhoeffer und der Phänomenologe Sartre stehen hier Seite an Seite, es passt kaum ein Blatt Papier zwischen sie.

Es mag sein, dass es mir in meiner Tätigkeit als Pressereferent geholfen hätte, dem zu vertrauen, was Bonhoeffer zu Wert und Bedeutung der Arbeit schreibt – dass sie den Menschen „zur Sachlichkeit" befreit: „ … denn die Welt des Es ist nur ein Werkzeug in der Hand Gottes zur Reinigung... von aller Selbstbezogenheit und Ichsucht." Und: „ …die Härte und Strenge der Arbeit [wird] von dem erst recht gesucht werden, der weiß, wozu sie ihm dient."[28] Aber ich kannte diese Worte nicht, auch hätte mich ihr ungewohnter Ton wohl eher abgestoßen – zu fern war das allem, was die Professoren am Institut für Soziologie mir beizubringen versucht hatten, zu fern auch allem, was ich mir selbst lesend und nachdenkend angeeignet hatte.

Tatsache war, dass ich die tägliche Arbeit, die ja

meine Schreibleidenschaft vor zudringlichen Blicken hatte schützen sollen, nun ihrerseits als zudringlich empfand. Der Kaiser hätte mit Stirnrunzeln quittiert, was ich an Krampf und Mühe aufbot, um mir in der Hitze des PR-Gefechts etwas von dem zu bewahren, was nach meinem Verständnis Voraussetzung meiner - „privaten" - Schreibbemühungen war: die Distanz des Beobachters vor allem, der Aufenthalt in der Helligkeit des Gedankens. Die Außenwelt „bewegte" meine Seele sehr wohl, und zwar mehr, als mir lieb sein konnte. Ich war ein miserabler Stoiker: Jeder Anruf eines übelmeinenden Boulevardblattjournalisten, der mich partout dazu bringen wollte, einzugestehen, dass unser gesamtes Trinkwasser pestizid- und nitratverseucht sei, brachte mir das neu zu Bewusstsein. Um dieses Bewusstsein war es im Übrigen schlecht bestellt – um das Ich, das sich mit seiner Hilfe überhaupt erst konstituiert, ebenfalls. Ich hatte vom Leben Kenntnis nehmen wollen, indem ich Bücher darüber las, hatte mich meiner selbst immer neu vergewissern wollen, indem ich den Blick über Buch, Papier, Aschenbecher und Füllfederhalter gleiten ließ, ein kleines bisschen ängstlich, ob jeder dieser Gegenstände noch an seinem Platz war, wenn das Auge nach einem Lidschlag erneut seinen Blick darauf warf – ja, ängstlich, aber doch glücklich, glücklich darin, die Welt auf 80 x 80 cm reduziert zu haben und der Gestaltlosigkeit des Lebens gegenüber zu sein – statt zu einem Teil davon zu werden. Und nun? - Nun tauchte ich ein in das schwärzeste Dunkel des

Augenblicks, der Leben ist und nicht Gedanke, und wie froh! wäre ich gewesen, hätte ich glauben können, dass „hinter dem Es der Tagesarbeit das Du Gottes"[29] darauf wartete, von mir gefunden zu werden, aber ich fand dort nichts, gar nichts – nur das Gefühl, ausgelöscht zu werden. Wie man sich selbst kennen lernt? Durch Handeln niemals! hätte ich damals in Umkehrung des Goetheschen Satzes ausgerufen, wohl aber durch Betrachtung! - Es liegt der Verdacht nahe, dass das „Selbst" Goethes etwas anderes ist als das „Ich" Sartres!

Wie verhält sich die Kenntnis, die ich im Handeln über mich selbst gewinne, zu einem Ich, das es nur im Licht des Bewusstseins gibt? Gehört nicht der Prozess des Sich-selbst-Kennenlernens, von dem Goethe spricht, ganz der Sphäre des unreflektierten Bewusstseins an? Warum weiß ich, was „an mir ist", indem ich versuche, meine Pflicht zu tun? Doch wohl, weil ich im Ringen mit dem, was in mir und was draußen in der Welt der Erfüllung meiner Pflicht widersteht, Aufschluss über meine Kräfte erhalte. Strenggenommen erhalte ich aber nur darüber Auskunft, ob ich ein hinreichendes Maß an Kraft *mobilisiert* habe – wieviel solcher Kraft ich noch in Reserve habe oder warum ich nicht alle Kraft, die mir zur Verfügung steht, aufgeboten habe oder wie „ich" überhaupt zum Begriff der „Pflicht" stehe – über all das wird mir mein Versuch, „meine Pflicht zu tun" keinen Aufschluss geben. Der von Goethe gepriesene Weg zur Selbsterkenntnis ist der des Büffels, der im Gerangel mit seinem Gegner „erkennen" muss, dass er der Unterlegene ist, aber dieses „Erkennen" ist präreflexiv (oder „unreflektiert", wie Sartre es nennt) – und wird es im Falle des Büffels auch bleiben, leider. Was „an mir ist", erfahre ich wohl besser, wenn ich mich in Betrachtungen zu Goethes Maxime ergehe, statt sie zu befolgen!

Für mich war es das Entsetzlichste, nicht mehr zu wissen, wen ich meine, wenn ich „ich" sage.

Einmal rief mich der Geschäftsführer zu sich.

„Ich will, dass Sie bis morgen eine Meldung zu diesem Thema in der Frankfurter Rundschau unterbringen."

Ich horchte den Worten nach.

„Trauen Sie sich das zu?"

Der Mann fixierte mich durch seine Brillengläser mit einem Blick, der etwas Lauerndes und Schneidendes hatte. Ich überschlug blitzschnell meine Chancen. Die standen schlecht. Ein Blick auf die Uhr machte mir klar, dass die Zeit gegen uns arbeitete, früher Nachmittag. Von dem Umstand ganz abgesehen, dass man Journalisten nichts in die Feder diktieren konnte, und denen von der FR schon gleich gar nicht. Was der Mann da in seinem lederbezogenen Clubsessel wollte, war Wahnsinn! „Natürlich", sagte ich, „natürlich trau ich mir das zu." - „Gut", war die lakonische Antwort, und ich durfte gehen.

Während der zwanzig Schritte zu meinem Büro verlor ich jedes Gefühl für mich selbst. „Ich" gab es nicht in diesem Moment – und das war keineswegs *nur* gefühlt. Wenn ich versunken gewesen wäre in die Aufgabe, die ich zu bewältigen hatte, gut … ich würde Ihnen hier gerne etwas von der Anspannung aller Kräfte erzählen, Ihnen sozusagen den Büffel machen, aber die Wahrheit ist, dass ich keinen Kontakt zu mir hatte – irgendwo zwischen Gedanke und Aufgabe schwebte, das eine war mir nicht mehr, das andere noch nicht erreichbar, und ich hörte mich, als ich die Tür zum Büro meiner Sekretärin aufschob, sagen: „Wir haben etwas zu erledigen", und die Panik, die in diesem Moment in mir aufstieg, war die Panik des Patienten vor dem Versinken in den alles auslöschenden Schlaf der Narkose: die Panik vor dem Dunkel des Augenblicks, den man nicht denkt – sondern lebt.

Es fiel mir offensichtlich schwer, zu arbeiten, ohne eine klare Vorstellung davon zu haben, wer dieses Ich ist, das da arbeitet, aber das wäre kein Problem gewesen, wenn Goethe Recht hätte und es statthaft wäre, sein Selbst und das Ich, von dem wir hier reden, in eins zu setzen, die Arbeit selbst hätte es mir dann mit der Zeit verraten müssen; es wäre auch kein Problem gewesen, wenn ich durch das Es der harten Sacharbeit auf das Du Gottes gestoßen wäre (die Möglichkeit, von der Bonhoeffer spricht), aber das Gefühl, ausgelöscht zu werden, empfand ich als entsetzlich – wahrzunehmen, dass sich in diesem Dunkel die Möglichkeit verbarg, zu etwas anderem, gleichsam einer anderen Dimension vorzustoßen, lag mir völlig fern, von dieser Möglichkeit hatte ich noch nie gehört, und niemand in meiner Umgebung hatte je davon gesprochen (natürlich nicht: Wir sprechen über das Wetter, die Chancen der Bayern, doch noch Tabellenerster zu werden oder die Frage, ob einem Ex-Präsidenten, der wegen des Verdachts der Vorteilsnahme von seinem Amt zurücktreten muss, ein Ehrensold von 200.000 Euro im Jahr zusteht, und wer wollte bestreiten, dass das Themen sind, die unter den Nägeln brennen – aber haben Sie schon mal jemanden darüber reden hören, ob es möglich ist, hinter dem Es der Tagesarbeit das Du Gottes zu finden?).

Wenn der Mensch sich an die Wirklichkeit, an eine Aufgabe, an das Es verliert, wenn er sich in die Objekte versenkt – welche Instanz beschwört dann Marc Aurel, wenn er von der „denkenden Seele" spricht, die sich angeblich in allen Stürmen und Wirrnissen des Lebens reinhält? Kann eine Seele rein bleiben, die so ins Wasserbad des Augenblicks getaucht wird? Müssen wir nicht damit rechnen, aus jedem dieser Augenblicke (der darin dem Taufsakrament ähnelt) als jeweils veränderter Mensch hervorzugehen? Und macht uns das Dunkel, in das wir uns handelnd hineinbegeben, nicht auch deshalb Angst, gerade deshalb Angst, weil wir ahnen, dass wir den, der wir vorher gewesen sind, vergebens suchen werden, wenn wir wieder ans Licht kommen? Tatsächlich: Was, wenn wir aus dem Moment des Handelns auftauchen und das Ich, das uns den Auftrag zu diesem Handeln gab, nicht wiederfinden? Schrecklich genarrt, getäuscht, verhöhnt blicken wir auf ganze Handlungsketten zurück, deren Verursacher sich aus der Verantwortung gestohlen, sich aus dem Staub gemacht, sich in Luft aufgelöst hat. Und nun stehen wir da und erleben die ganz besondere Melancholie des Tatmenschen, der plötzlich nicht mehr weiß, wer oder was ihn zu seinen Taten angestiftet hat. Ein gefährlicher Moment. Am besten, er denkt nicht lange nach (er geriet ins Grübeln und muss nun schnell wieder aus dem Grübeln herausfinden), sondern versucht wieder auf die Gleise zu finden, die ihn zu diesem Augenblick getragen haben, am besten also, er wechselt vom reflexiven ins prä-reflexive Bewusstsein, und zwar so schnell wie möglich – und in der Hoffnung, der nächste verstörende Moment möge lange auf sich warten lassen. Der Tatmensch hat einen Augenblick lang sein Leben aus jener – für ihn zutiefst verstörenden - Perspektive wahrgenommen, die dem Beobachter, der sein Leben im Licht des Gedankens führt (also langsamer lebt, da er jeden Schritt in diesem Lichte prüfen muss, bevor er ihn geht und wieder prüfen wird, nachdem er ihn gegangen ist) zur Gewohnheit geworden ist. So, wie es für uns, als wir Anfang 20 waren, den Anspruch gab, uns in allem so genau wie möglich auszudrücken, und wir es als Ehrensache begriffen, dass wir imstande waren, jederzeit über die Motive unseres Handelns Auskunft zu geben, ja, imgrunde nicht bereit waren, auch nur den kleinen Finger zu rühren, ohne uns oder anderen das Warum und Wozu darlegen zu können, so nannten wir andersherum nicht jemanden „Spießer", weil er einen bestimmten Lebensstil lebte, sondern wegen des Preises, den er dafür zahlte.

Vielleicht ist es angebracht, an dieser Stelle kurz darauf einzugehen, wen ich meine, wenn ich von „wir" spreche, immerhin schildern weite Teile dieses Essays die Isolation, in die ich mich als junger Mensch von Anfang 20 hineinbegab. Ist es paradox, zu sagen, dass ich in meiner Einsamkeit Gesinnungsgenossen fand? Nicht unbedingt. Menschen erkennen sich gegenseitig in ihrer Eigenart, dazu braucht es oft nicht mehr als ein paar Worte, flüchtig gewechselt, einen Blick, bestimmte Gesten als Antwort auf die Frage, die eine Situation uns stellt. Und wenn es möglich ist, den richtigen Rahmen zu finden, kann es zu einer Begegnung kommen, die den ersten Eindruck vertieft und von beiden als Geschenk erlebt wird, auch wenn dann jeder wieder in sein Refugium, auf seine Insel, in seine Zelle zurückkehrt. Entsteht als Folge solcher Begegnung Freundschaft, wird dem immer ein Moment von Höflichkeit und Respekt beigemischt bleiben, keiner von beiden wird versuchen, die zwar nicht sichtbaren, aber erspürbaren Grenzen, die der andere um sich gesteckt hat, zu verletzen.

Mit Kommilitonen am soziologischen und philosophischen Seminar, aber auch mit anderen, denen ich zum Beispiel im Rahmen einer Schreibwerkstatt begegnete, die im Hinterzimmer des Café Malik in Münster stattfand, schloss ich immer wieder einmal solche Freundschaften, die den Anspruch auf Einsamkeit respektierten, und sie alle, die Freunde, sind es, die ich meine, wenn ich von „wir" spreche.

Wir also nannten jemanden nicht Spießer, nur weil er ein bürgerliches Leben führte. Er mochte als Marketingleiter in einem Chemie- oder Stromversorgungsunternehmen (oder als Industriekaufmann in einem Maschinenbauunternehmen) arbeiten, im Vorort einer größeren Stadt oder in einer der für Deutschland so typischen industrialisierten, zersiedelten ländlichen Gegenden ein Einfamilienhaus erworben oder gebaut haben, dort mit Frau und zwei Kindern leben, einen Mittelklassewagen in der Garage, die Abende, wenn die Kinder endlich im Bett waren, über den Rentenpapieren oder vor dem Fernseher verbringen und den Samstag mit Rasenmähen: Hätte uns jemand detailliert und fundiert - mit anderen Worten: reflektiert! - darlegen können, warum gerade ein solches Leben für ihn das richtige war, so hätten wir das - davon bin ich überzeugt - ziemlich cool gefunden, der Punkt war nur, so jemanden gab es nicht. Das Problem war nicht der Lebensstil einer bürgerlichen Mittelstandsexistenz, das Problem war: Wir mussten den Eindruck gewinnen, dass ein solches Leben nur um den Preis fehlender Nachdenklichkeit, vielleicht würde ich heute sagen: eines fehlenden Ich-Bewusstseins überhaupt möglich war. Der Verdacht musste sich aufdrängen, dass es eine der Voraussetzungen eines solchen Lebens war, dass es eben *nicht* im Lichte des Gedankens geführt wurde, deshalb der merkwürdige Aktionismus bei gleichzeitiger Unfähigkeit, das Warum und Wozu des eigenen Tuns zu erläutern (nach dem Motto: Als wir das Ziel aus den Augen verloren, verdoppelten wir die Anstrengung!). „Der denkt nicht über sich nach" war aber so ziemlich das Schlimmste, was sich über einen Menschen sagen ließ. Es war uns selbstverständlich, dass es den Menschen adelte, über sich Bescheid zu wissen. Und ein Leben wie das unserer Eltern war schon deshalb unattraktiv, weil sich landauf, landab niemand fand, der willens und imstande gewesen wäre, es auf hohem theoretischem Niveau zu verteidigen. Wenn überhaupt jemand einmal den Versuch machte, für dieses Lebensmodell in die Bresche zu springen, so geschah das mit dem hilflosen Verweis darauf, dass man doch ganz „normal" lebe, wie eben alle anderen auch, Menschen hätten doch immer so gelebt, und was man denn überhaupt dagegen habe? „Dein Vater und ich, wir haben uns unser Leben lang krummgelegt", konnte es dann heißen, als ob das alle Argumente entkräftet hätte! Was wir erwarteten, war, dass unsere Eltern sich darüber Rechenschaft ablegten, ob es richtig und sinnvoll gewesen war, sich „ein Leben lang krummzulegen" (in einer Hinsicht war es das sicher gewesen: wir brauchten nur einen Blick in unsere Portemonnaies und auf unsere Konten zu werfen), und es heizte die Selbstgerechtigkeit, mit der wir auftraten, gehörig an, dass Vati und Mutti und Onkel Bertold und Tante Hilde weder von Herbert Marcuse noch von Wilhelm Reich, weder von Erich Fromm noch von Ernst Bloch je gehört hatten. Umgekehrt brachten wir es fertig, einen fast mittellosen Bohemien wertzuschätzen, wenn er den Eindruck eines

Menschen machte, der genau *wusste*, warum er ein mittelloser Bohemien war. Im Dunstkreis von Universitäten trifft man immer wieder auf solche Leute: Mitte 50, die Frau hat sich vor langer Zeit vom Acker gemacht, Arbeit? Nee, das heißt doch: in der Schublade liegt der großartigste Gedichtband, den die Welt seit Baudelaire gesehen (oder besser: nicht gesehen) hat, aber so richtig will das keiner kapieren, deshalb kriegen die Gedichte nur noch die erlesensten Geister zu hören, Leute, die so etwas verstehen, soll ich mal? - und die Hand geht zur Schublade, in der der einzigartige Gedichtband griffbereit liegt ... Das offenkundig Fragwürdige daran – das auch nicht gänzlich verschwindet, wenn man es für möglich hält, dass der Gedichtband tatsächlich ein Meisterwerk war - nahmen wir wahr, aber wenn die Wände lückenlos mit bunten Buchrücken tapeziert waren, konnte das vieles wettmachen: Begründetes Leben im Elend war einfach mehr wert als Erfolg und Wohlstand im Modus des präreflexiven Bewusstseins. Anders gesprochen: Wer glaubhaft machen konnte, dass sein Misserfolg, sein Scheitern, dass seine Misere, sein Elend, seine Vereinsamung einem Programm folgten und der zu entrichtende Preis für ein geistiges, innerlich freies und ungebundenes Leben waren, überzeugte uns mehr, als wer es nicht schaffte, vor uns zu verbergen, dass er für seinen Erfolg, sein Gelingen, sein Glück den – in unseren Augen zu hohen – Preis zahlte, nur gelebt und niemals gedacht zu haben (gedacht zu haben nicht auf der Ebene des Büffels, der seinem Gegner unterliegt, sondern reflexiv gedacht!). Wer bist du, was bist du, wer willst du sein? Wie willst du von mir gesehen werden – und warum? Hast du schon einmal darüber nachgedacht, ob es möglich ist, zwei Menschen gleichzeitig zu lieben? Hast du über Liebe nachgedacht? Über Ehe? Über Besitz? Hast du dich schon einmal gefragt, ob du nicht ganz anders leben willst – und was dich das kosten dürfte, damit deine Lebensbilanz ausgeglichen ist? Gibt es Gott? Glaubst du an ihn? Wird dein Leben einen Sinn gehabt haben, wenn es dich einmal nicht mehr gibt? Hasst du mich, weil ich dir diese Fragen stelle?

Das Alter - Leben und Gedanke

Der gelebte, der dunkle Augenblick ist barmherzig: Er macht uns vergessen, dass wir sterben müssen. Während wir, hingegeben an die Wirklichkeit, handeln, vergeht hinter unserem Rücken die Zeit, die uns dem Tod zuträgt.

„Ich hab gar nicht bemerkt, wie die Zeit vergeht!" sagen wir und sind darüber ganz glücklich, auch wenn sich in dieses Glück einen Moment der Gedanke stiehlt, dass wir etwas verpasst haben könnten von dem, was sich „woanders" abspielte, während wir „in die Objekte versenkt" waren, ein Erstaunen, eine leise Beunruhigung bleiben. „Wie schnell die Zeit vergangen ist!" Kopfschüttelnd packen wir die Sachen zusammen, weil über dem Nachmittag, den die Kinder mit Spielen und wir im Gespräch mit der guten Freundin verbracht haben, plötzlich die Dämmerung hereingebrochen ist, „ich hab gar nicht bemerkt, dass es schon so spät ist."

Schnell vergehende Zeit ist Zeit, die vergeht, während wir mit anderem beschäftigt sind, langsam vergehende Zeit ist Zeit, der wir uns zuwenden, die nicht hinter unserem Rücken, sondern vor unseren Augen vergeht, der wir beim Vergehen zusehen. Langsam vergehende Zeit ist lange Weile, in der „nichts passiert", im allgemeinen mögen wir das nicht, dabei müssten wir doch das gute Gefühl haben, dass sie uns vor einem zu schnellen Tod bewahrt. Kurze Weile hingegen ist „ausgefüllt" (wo hat bloß all das, was uns ein Geschehen als kurz-weilig empfinden lässt, Platz, wenn die Weile so kurz ist?), wir mögen es, wenn die Zeit schnell vergeht, trotzdem ist das unterlegt von dem leisen Schrecken, wir könnten unsere Aufsichtspflicht gegenüber der Zeit vernachlässigt haben, und das liegt nicht daran (oder nicht nur daran), dass zuhause der Partner mit dem Essen wartet.

Haben wir eine Aufsichtspflicht gegenüber der Zeit?

Müssen wir befürchten, dass sie uns betrügt, wenn wir sie aus den Augen lassen? „Moment mal, wie bitte, demnächst werde ich 30? (40? 50?) Das kann doch nicht sein!"

Es *kann* sein. Ich zum Beispiel werde in zwei Jahren 50. Das kommt mir ziemlich unglaubhaft vor. Ich habe eigentlich nicht den Eindruck, in den letzten

20 Jahren gealtert zu sein, sieht man davon ab, dass mein Haar, als ich Ende 30 war, innerhalb von zwei, drei Jahren ergraute, ich ein paar Kilo zuviel wiege und mein sexueller Appetit nicht mehr der gleiche ist. Komisch nur: Wenn wir uns früher ein neues Gerät anschafften (Telefon, Handy, Anrufbeantworter, Faxgerät, Videorekorder), war ich es, der die Bedienungsanleitungen von der ersten bis zur letzten Seite las, fasziniert von den neuartigen Möglichkeiten, die mir das Gerät bot. Heute muss mir meine Frau die Funktionsweise unseres neuen Fotoapparates erklären, und mein Handy begrüßt mich, wenn ich es einschalte, mit dem Hinweis: „Öffnen nicht möglich. Maximale Anzahl an ausgeführten Widgets erreicht!", was ja nur bedeuten kann, dass es in der Kommunikation zwischen mir und dem Gerät ein paar Missverständnisse gibt. - Werde ich also doch älter?

Zu oft habe ich erlebt, dass ältere Menschen, wenn es um die Bedienung technischer Geräte geht, abwinken: „Das kapier ich nicht mehr." Internet? „Brauch ich nicht. Wozu?" Das Problem ist, dass ich ihnen da gar nicht widersprechen kann: Braucht eine 85-Jährige, die im Altenpflegeheim lebt, Internetzugang? Mal angenommen, die Dame ist noch geistig frisch, würde ich ihr da nicht empfehlen, sich die *Buddenbrooks* zu besorgen, *Effi Briest, Der Menschen Hörigkeit* oder *Krieg und Frieden*[30] - und ihre Tage mit dem Genuss großer Literatur zu beschließen, unbekümmert um eine Gesellschaft, der das weniger bedeutet, als täglich auf Netzportalen darüber belehrt zu werden, dass Tony

Marshall auf der letzten Party schlecht aussah oder Charlize Theron mittels Adoption stolze Mutter eines gesunden Jungen geworden ist? Was kann das die alte Dame noch kümmern (möglicherweise kümmert sie allerdings gerade das!)? Die Pflegeversicherung zahlt ihren Heimaufenthalt (den Rest steuern die Renteneinnahmen auf ihrem Konto, die Kinder oder der Staat bei), scheitern kann sie an gar nichts mehr, muss niemandem mehr etwas beweisen, und der Irrwitz, die eigene Existenzberechtigung mit dem Nutzen zu begründen, den man für die Gesellschaft hat (das staatliche Steuersäckel, das Wirtschaftswachstum) liegt, den schwindenden Kräften sei Dank, hinter ihr. Das Leben jenseits der Tischkante kann ihr vollkommen gleichgültig sein: Sie hat - oder hätte! - alle Zeit der Welt, jede Bewegung *fünfmal* im Licht des Gedankens hin und her zu wenden, bevor sie sie vollführt, jedes Wort bis in seine kleinsten Nuancen zu prüfen, bevor sie es ausspricht, sie hätte also die wunderbare Möglichkeit, dem Dunkel des gelebten Augenblicks zu entfliehen und, rückblickend auf ihr Leben, im reflektierten Bewusstsein Sartres an einer anspruchsvollen Ich-Identität zu arbeiten (und tatsächlich vermitteln Fachseminare für Altenpflege ihren Schülerinnen und Schülern Kenntnisse in Biographiearbeit), sie hätte, mit anderen Worten, die einmalige Chance, so zu leben, gerade nur soviel zu leben, wie ihre Gedanken verarbeiten können: ein Leben in taghellem Bewusstsein, ein Leben, in dem nichts sie zwingen könnte, etwas zu tun, was die Gestalt, die Ordnung, die sie nun einmal für ihr Leben gefunden hat, stört.

Was ich deutlich machen will, ist, dass Altern ein ambivalenter Prozess ist. Es mag sein, dass das Desinteresse an den technischen Möglichkeiten meines neuerworbenen Handys für den Verlust an Neugier spricht, aber dieses Desinteresse verrät auch, dass ich heute besser als noch vor 20 Jahren zwischen wichtig und unwichtig unterscheiden kann. Ich weiß, dass ich mit diesem Gerät telefonieren und „simsen" will, und was, zieht man diese beiden Positionen ab, an Zeit übrig bleibt, gerne auf anderes verwenden würde: Lesen zum Beispiel, für meine Frau und mich ein neues Kochrezept ausprobieren oder mir das geliebte Requiem von Mozart anhören. Es gibt einen Fetischismus, der glaubt, in einem Smartphone den Schlüssel zum Rätsel des Universums gefunden zu haben, und ich erinnere mich gut, dass ich - noch mit 30 - selbst solchen Versuchungen erlag. Als ich meinen ersten PC erwarb, war ich vom Wunder der - aus heutiger Sicht bescheidenen - Möglichkeiten, die der IBM PS2 mir bot, so berauscht, dass ich mir die Nächte um die Ohren schlug, um diese Maschine bis in die entlegensten Winkel zu erforschen (allein die Textverarbeitung! Meine Magisterarbeit hatte ich noch auf einer mechanischen Schreibmaschine getippt!). Und das lag nicht - oder jedenfalls nicht nur - daran, dass ich glaubte, nun ein Hilfsmittel zur Lösung von Problemen gefunden zu haben, die sich mir schon gestellt hatten, bevor es diese Technik gab. Vielmehr hatte ich das zutiefst irrationale und durch nichts zu begründende Gefühl, jetzt, da ich dieses Gerät erworben hatte, könne mir nichts Schlimmes mehr passieren, und zwar nicht nur bei der Arbeit an meinen Geschichten oder Artikeln, sondern überhaupt im Leben! Was machte es schon, dass ich - nach Studium und Zivildienst - nicht wusste, wie es weitergehen würde, was machte es schon, dass ich - vorübergehend - wieder bei meinen Eltern lebte, was machte es, dass ich, nach Jahren zunehmender Vereinsamung, kaum noch Freunde hatte, hach, mir lachte das Herz!, das alles fiel doch überhaupt nicht ins Gewicht gegenüber der phantastischen Welt, die sich mir erschloss, wenn ich den Power-Schalter meines PCs betätigte! Der Bildschirm des Computers gab dem Leben auf eine ganz ähnliche Weise einen Rahmen, wie es die Kanten des Tisches in der Marburger Caféteria getan hatten: Hier wie dort bildeten die Ränder eine Grenze zwischen Gestalt und Gestaltlosigkeit, und hier wie dort war der Stoff, dem dieser enggesteckte Rahmen Gestalt verlieh, das eigene Leben. Wenn sich so der Stoff des Lebens mit den Mitteln vermischt, die er zu seiner Gestaltung nötig hat, entsteht leicht Abhängigkeit, das Hilfsmittel wird zum Nikotin, das der Körper in seinen Stoffwechsel einbaut, und ich bin vielleicht nur deshalb kein *Nerd* geworden, weil ich nicht zur Generation jener gehöre, die schon im Kinderzimmer mit Computern gespielt haben: Wir alle versuchen so zu handeln, dass dieses Handeln dem Bild entspricht, das wir von uns haben, und mit Ende 20 hatte ich ein Bild von mir, dem es nicht unbedingt entsprach, über Speicherkapazitäten von Festplatten in Ekstase zu geraten. Nietzsche oder Benn hatten nicht mal einen Computer besessen - also war, nachdem ich alle Möglichkeiten des PS2 erkundet hatte, der Fall für mich erledigt, und fortan beschränkte sich meine Zuneigung zu diesem Gerät darauf, dass ich mich darüber freute, kein Tipp-Ex mehr verwenden zu müssen.

Endgültig ist nur der Tod

Scheitern ist eine Wohlstandskategorie. Wer scheitert, verfehlt die Erfüllung eines Anspruchs, aber der Kleinbauer in der Sahelzone wäre schon überglücklich, wenn er für sich und seine Familie jeden Tag genug zu essen hätte. Formuliert er damit einen Anspruch, und ist das Scheitern daran tatsächlich Scheitern? Sind Hunger und – hier darf man getrost sagen: absolute – Armut nicht etwas qualitativ – und nicht nur graduell – anderes? Wer scheitert, kann sehr wohl einen Tisch beim Italiener bestellen, um mit seiner Frau auf sein verkorkstes Leben anzustoßen – und selbst, wenn es eine Konsequenz dieses Scheiterns sein sollte, dass auch das irgendwann nicht mehr geht, wird er nicht verhungern. Vielleicht muss er Hartz IV beantragen, von der großen (womöglich gar nicht mal großen) Wohnung in eine erbärmlich kleine ziehen, er wird sich die Kinokarte oder den Cappuccino im Café um die Ecke (das vor kurzem noch sein Stammcafé war) ein-, zweimal spendieren lassen, um fortan Desinteresse an Kinofilmen vorzuschützen und lieber zuhause zu bleiben, und das ist schlimm, so schlimm, dass es einen Menschen zerstören kann (nicht muss!), aber es ist nicht: Hunger. Es ist nicht: die verzweifelte Suche nach dem letzten Reiskorn, die verzweifelte Suche nach einer Möglichkeit, noch ein paar Tropfen Milch aufzutreiben, ohne die auch das letzte noch verbliebene Kind den morgigen Tag nicht erleben wird. Ich scheitere nicht an der Befriedigung meiner Grundbedürfnisse – Nahrung, Kleidung, Wohnung -, wenn ich daran scheitere, ist das kein Scheitern mehr, sondern absolute Armut. Ich scheitere an der Erfüllung von Ansprüchen, die ich entwickle, wenn die Grundbedürfnisse befriedigt sind. Ich kann sagen: Ich bin an dem Versuch gescheitert, das und das zu machen, das und das zu erreichen, und das Ich, das so spricht, kann durchaus unversehrt, ja sogar genussfähig sein.

Das berufliche Desaster stumpfte *meine* Geschmacksnerven jedenfalls nicht ab. Wie oft saß ich an meinem Schreibtisch, Papiere und Notizbücher vor mir, den Kopf in die Hände gestützt, und fragte mich, wie es möglich war, dass ich noch soviel Freude am Leben hatte, wo doch klar war, dass ich meinen Versuch, mit dem Schreiben Geld zu verdienen, als – endgültig? - gescheitert betrachten musste. Tatsächlich war es die morgendliche Tasse Earl Grey (mit Milch und einem Löffel Zucker), die mich auf dieses Missverhältnis aufmerksam machte. Ich musste innerlich den Kopf schütteln, ja, ich musste lächeln: Angesichts der

74

Sonnenstrahlen, die durch die schräg gestellte Jalousie ins Zimmer fielen, angesichts der idyllischen Stille dieser Morgenstunde gehörte einiges dazu, sich vorzustellen, dass ich auf eine Katastrophe zutrieb.

Aus Gründen, die mit Verbandspolitik zu tun hatten, hatte ich einen Auflösungsvertrag unterschrieben (und dabei eine Weiterzahlung des Gehalts für mehrere Monate ausgehandelt), der Gedanke, auf meinem Arbeitsplatz in der Pressestelle des Verbandes zu beharren, hatte mich nicht einmal gestreift, denn hatte ich nicht immer schon das Schreiben zu meinem Beruf machen wollen? Und zwar nicht das Schreiben von Pressemitteilungen, Reden oder Grußworten, sondern literarisches Schreiben? Und war nicht jetzt die Gelegenheit dazu gekommen?

Inzwischen war das Überbrückungsgeld des Arbeitsamtes, das den Weg in die Freiberuflichkeit finanziell absichern sollte, aufgebraucht, und auch die Geldreserven, die ich während der Jahre meiner Berufstätigkeit als Angestellter zusammengespart hatte, gingen zur Neige – während ich nichts Besseres zu tun hatte, als an einem Roman zu arbeiten, zu dem mich niemand beauftragt hatte und für den sich, wenn er denn je fertig würde, womöglich kein Verlag interessierte.

Was ich hier tat, war Wahnsinn, idyllische Morgenstunde hin, Lebensfreude her, und natürlich hatte meine Frau recht, wenn sie mich fragte, wovon wir demnächst leben sollten – und ob ich schon einmal über unsere Rente nachgedacht hätte. Wäre in diesem Moment klar gewesen, dass wir uns in ein bis zwei Monaten die Butter auf dem Brot (und einen weiteren Monat später auch das Brot) nicht mehr würden leisten können, ich hätte sofort meine Papiere weggeschlossen und mir eine Arbeit gesucht. Die Perspektive, demnächst in der Fußgängerzone den Hut hinzuhalten, kann erstaunliche Kräfte entfalten, selbst vor Maloche – Bau, Fabrik – wäre ich nicht zurückgeschreckt. Aber tatsächlich sollte alles ganz anders kommen.

Meine Eltern erkundigten sich nach mir, nach meiner Arbeit: „Und, wie läuft's?" Natürlich wollte ich nicht zugeben, dass es „beschissen lief", also zuckte ich die Achseln: „Na ja." Nicht Fisch, nicht Fleisch bewährt sich selten. Meine Eltern, auf Eindeutigkeit aus, hakten nach: „Verdienst du genug?"

Wie wäre es mit mir weitergegangen, wenn ich auf diese Frage mit einem beherzten „Ja" geantwortet hätte, mit einem: „Klar, ich verdiene sehr gut!"? – „Geht so", gab ich stattdessen zur Antwort. „Geht so" ist aber etwas, das Eltern nicht hören wollen, in keiner Epoche und keinem Land der Welt. Mein Vater und meine Mutter sahen sich an, dann sagte meine Mutter: „Sollen wir dir ein bisschen was mitgeben?"

Was hätte ich sagen sollen? Mir stand das Wasser bis zum Hals, es musste schnellstens etwas passieren, ich hatte meinen Traum, Schriftsteller zu werden, schon platzen sehen, und hier tat sich unverhofft die Möglichkeit auf, ein paar weitere Wochen an meinem Roman zu arbeiten (und immerhin, wer konnte wissen, ob sich nicht bis dahin ganz andere Chancen ergaben? Was wusste ich, wie die Welt in vier Wochen aussah?). „Na ja, wenn Ihr wollt", sagte ich, „klar, warum nicht?" - An jenem Sonntag verließ ich meine Eltern nicht mit dem Gefühl, eine Niederlage erlitten zu haben, ich war auch nicht beschämt. Was konnte ich dazu, wenn die beiden mir Geld geben wollten? Ich machte Bekanntschaft mit einem großen Geheimnis der Menschenseele. Nietzsche formuliert es in *Jenseits von Gut und Böse* sehr gut: „'Das habe ich getan', sagt mein Gedächtnis. 'Das kann ich nicht getan haben' – sagt mein Stolz und bleibt unerbittlich. Endlich – gibt das Gedächtnis nach." - Eine wunderbare Voraussetzung dafür, sich auch künftig hier und da etwas Geld zustecken zu lassen. (Ich musste erleben, dass eine Erstleserin diesen Satz nicht verstand. Ich mache deshalb etwas, was ich sonst nicht schätze, ich füge eine Erklärung hinzu: Er, der Satz, ist sarkastisch gemeint.)

Ein paar Seiten weiter vorne taucht das schwierige Wörtchen „endgültig" auf, ich greife danach, verpasse ihm ein Fragezeichen, rahme es mit Gedankenstrichen ein – nur um es dann sich selbst zu überlassen. Zumindest scheinbar. Tatsächlich ist „endgültig" nur der Tod. Das sagte ich mir, als ich den Inhalt des Umschlags, den meine Eltern mir mitgegeben hatten, vor mir auf dem Schreibtisch ausbreitete. Einen Tag zuvor war ich noch überzeugt gewesen, dass ich mit dem Wunsch, Schriftsteller zu werden, gescheitert war, jetzt hingegen sagte ich mir (ich, der ich bis dahin nicht die leisesten Anzeichen von Schicksalsgläubigkeit an mir hatte feststellen können): „Das ist ein Wink, du sollst es nochmal versuchen!" In *Die Wörter* beschreibt Sartre, wie er sich als Jugendlicher sein Leben als eine Geschichte erzählt, die gut ausgehen wird. Alles, was ihm widerfuhr und noch widerfahren würde, bekam dadurch eine andere Bedeutung, dass es in den Kontext eines Lebens eingebunden war, das sich von einem guten Ende her erzählen ließ, der gute Ausgang warf ein veränderndes Licht auf alles, auch auf das zunächst Misslingende.[31] Tatsächlich, hatten nicht alle Schriftsteller mit Problemen zu kämpfen gehabt, mit Selbstzweifeln? Hatte nicht Heinrich Böll einmal gesagt: „Schreiben und Krise ist ein und dasselbe?"[32] Hatte Hemingway sich nicht erschossen – und Heinrich von Kleist auch? (Oh weia!) Stammt nicht von Thomas Mann der Satz: „Du musst, wenn ich mäkle, bedenken, daß ich nachgerade einen verzweifelt ungenügsamen Maßstab handhabe, der mich voraussichtlich eines Tages hindern wird, überhaupt noch zu produciren"?[33]

Ich hatte mich längst in den verschiedenen Fäden der Handlung meines Romans verheddert, wusste nicht mehr ein noch aus, aber durfte ich ein Projekt, in das ich so viele Monate Arbeit investiert hatte, einfach aufgeben? Auch hier: Nur ein gutes Ende würde der mit diesem Manuskript verbrachten Zeit ihren Sinn geben, die ich im Falle des Scheiterns als vergeudete Zeit verbuchen musste, und natürlich zögerte ich den Moment, zu dem ich mir dieses Eingeständnis machen würde, hinaus –

den Moment, an dem ich sagen würde: „Endgültig", „ich höre *endgültig* damit auf!"

Der Umstand, dass ich wieder wusste, wovon ich
die nächste Miete zahlen sollte, machte mir dieses
Zögern möglich.

Es kann ja immer sein, dass sich die Handlungs-
fäden unter einem frischen, ausgeruhten Blick ent-
wirren und sich plötzlich die ganze Handlung eines
Romans klar und in kräftigen Farben wie eine
Landschaft, wie die Landschaft eines schönen
Traums vor dem Schreibenden ausbreitet, der noch
wenige Minuten zuvor darüber nachdachte, was
sich besser eignet, seine Seele über den Hades zu
schippern: Autobahnbrücke oder Giftcocktail. Ein
(!) guter Vormittag reicht manchmal, jeder, der
schreibt, weiß das, ein guter Vormittag, und alles ist
gerettet: der Roman, die Zukunft, das Leben! - Und
wer will angesichts dieser Hoffnung den Stempel
auf den Totenschein drücken: endgültig! Wer will
schon zugeben, er könnte Jahre einer falschen Idee,
einem falschen Selbstbild geopfert haben? Wie gut
habe ich einen Bruder meines Vaters verstanden,
der noch Jahre nach dem Ende der DDR – und bis
zu seinem Tode – davon überzeugt war, dass es nie
ein besseres Menschheitsexperiment gegeben hatte!

Stoizismus

Was mich betrifft, ich versuche den Problemen
nicht ein weiteres hinzuzufügen, indem ich mich
falsch zu ihnen verhalte.

Viktor E. Frankl, der Wiener Psychotherapeut und Begründer der Logotherapie, unterscheidet drei Wertkategorien: „Schöpferische Werte", „Erlebniswerte" und „Einstellungswerte"[34].

Schöpferische Werte verwirkliche ich, wenn ich ein Bild male, ein Buch schreibe, ein Theaterstück aufführe. Aber natürlich auch, wenn ich das Konzept für ein Workshop-Wochenende mit Angestellten aus dem Telekommunikationsbereich entwerfe oder das Programm für einen Kindergeburtstag. Erlebniswerte verwirkliche ich, wenn ich mit meiner Frau durch das Siebengebirge wandere, mit meinem besten Freund ein Bier trinken gehe oder im Hochschwarzwald auf Langlaufschiern zu Heideggers Hütte pilgere. Einstellungswerte schließlich verwirkliche ich, wenn ich mich zu etwas Gegebenem „richtig" verhalte.

„Richtig"? - Tatsächlich setzt die letztgenannte Wertkategorie einen Konsens darüber voraus, was „richtiges" und was „falsches" Verhalten ist. „Falsch" ist es, einem Leid ein weiteres Leid hinzuzufügen, indem man darüber klagt – so in etwa würde es ein Stoiker formulieren, und tatsächlich hätten Frankl und Marc Aurel, hätten sie je die Gelegenheit gehabt, sich zu begegnen, sich gut verstanden (die beiden trennen fast 2000 Jahre). „Richtig" ist es, sich nicht zu beklagen, wenn es einem schlecht geht, sondern sich „gerade zu halten", sich seine Würde zu bewahren (oder genauer: ihr im Handeln zu entsprechen) und – um dem noch einmal eine andere Wendung zu geben – bereitwillig „sein Kreuz auf sich zu nehmen". Wie es eine Nähe der Logotherapie zur Stoa gibt, so auch eine zum Christentum, vor allem, was die Behauptung eines bestimmten Merkmals von Leid angeht: Danach soll Leiden potentiell sinnstiftende Qualität haben. Stimmt das?

Um es sehr pointiert auszudrücken: Kann ich dem Leiden einen Sinn abgewinnen, indem ich es zu einer Sache der Ehre mache, umso mehr zu lächeln, je schlechter es mir geht? Aber welcher Sinn würde da entstehen? Und: Ist es nicht der blanke Zynismus, einem Menschen, der leidet, zu empfehlen, er solle doch einfach ein bisschen mehr lächeln? Können oder wollen wir das etwa einer Mutter empfehlen, die bei einem Unfall ihr Kind verloren hat? Einem Menschen, der soeben vom Arzt erfahren hat, dass ihm noch ein Jahr zu leben bleibt? - Natürlich nicht. *Ich* darf das schon deshalb nicht empfehlen, weil nur ein mir widerfahrendes Leid, das dasjenige dieser Menschen deutlich übertrifft (und was sollte das für ein Leid sein?), meiner Stimme die Autorität verleihen könnte, die notwendig wäre, um nicht als Pharisäer dazustehen. Was Viktor E. Frankls Stimme allerdings Wert und Autorität verlieh, war die Tatsache, dass er in einem deutschen Konzentrationslager gelitten und Strategien seelischen Überlebens an sich selbst erprobt hatte.[35] Eine „Rechtfertigung des Leids des Anderen" - an der Frankl sich ganz sicher nicht versucht hat – ist, davon abgesehen, und um mit Emmanuel Levinas zu reden, „die Quelle aller Unmoral"[36], *niemals* dürfen wir als Menschen, die nicht betroffen sind, versuchen, dem Leid anderer einen Sinn unterzuschieben, vielmehr müssen wir uns mit den Fröhlichen freuen und mit den Weinenden weinen.[37]

Was also kann mit der sinnstiftenden Qualität des Leids gemeint sein?

Zunächst einmal: Es gibt Unglück, das als solches *niemals* sinnvoll ist. Ein Kind zu verlieren, *ist* nicht sinnvoll, und wir dürfen niemals versuchen, in ein solches Geschehen einen Sinn hineinzulegen. Wenn ein Christ zum Beispiel zu einem solchen Unglück den Kommentar abgibt: „Wer weiß, welche Pläne Gott damit verfolgt, dass er der Mutter ihr Kind nimmt...", dann ist das nicht Ergebung in den Ratschluss Gottes, sondern blanker Zynismus – die Gedankenlosigkeit, die sich darin verrät, macht es nicht besser. Und selbst wenn, was zumindest nicht ausgeschlossen ist, die Mutter aus dieser Verlusterfahrung gereift und gestärkt hervorgeht, dann macht das das Unglück als solches noch lange nicht sinnvoll, denn der Preis, den sie für diese Stärke zahlt, ist viel zu hoch. Nein, das einzige, was wir der Mutter wünschen können, ist: dass sie die Kraft haben möge, der Sinnlosigkeit des ihr widerfahrenen Unglücks nun nicht eine zweite Sinnlosigkeit hinzuzufügen, indem sie sich mit falschen Bewältigungsstrategien selbst zerstört, etwa indem sie anfängt zu trinken. Einer Sinnlosigkeit keine zweite hinzuzufügen, produziert das bereits Sinn?

Jedenfalls hat Frankl dort recht, wo er uns nicht einreden will, dass das leidverursachende Unglück *als solches* bereits einen Sinn in sich birgt. Er hat recht, wo er uns mit den Stoikern empfiehlt, das Unglück nicht dadurch zu verdoppeln, dass wir uns ihm gegenüber falsch verhalten, ein Recht, das man ihm aufgrund seiner Lebensgeschichte zugestehen darf. Zweifelhaft wird sein Denken, wo es den Sinn in das leidverursachende Unglück selbst hineinlegt, indem er es als „Fingerzeig" deutet, als mögliches „Zeichen" aus einer „Überwelt", das es zu deuten gelte.[38] Frankls Ton wird unangenehm, wenn er – sicher in der besten Absicht – versucht, das Leiden anderer als sinnvoll zu begründen, weil eine übergeordnete Instanz – um nicht zu sagen: Gott – damit bestimmte Absichten verfolge. In der logotherapeutischen Praxis allerdings dürfte er den Patienten Sinnvorschläge gemacht haben, die mit *ihrem* jeweiligen Glauben, *ihrer* Weltanschauung oder *ihren* Wertprioritäten korrespondierten, um so ihr je eigenes Potential zu mobilisieren, Erlebtes mit Sinn auszustatten – Frankl betont, dass er sich stets um weltanschauliche Neutralität bemüht habe, und das rückt, wenn man will, den einen oder anderen schiefen Eindruck gerade.

Ich kann dem Unglück des Scheiterns ein zweites Unglück hinzufügen, indem ich daran verzweifele, mich gehen lasse, morgens nicht mehr aus dem Bett finde und mich mit Alkohol oder der Dauerberieselung durch Fernsehen oder Radio betäube. Das nicht zu tun, dem Unglück also kein zweites hinzuzufügen, ist insofern sinnvoll, als ich aus dem Unglück etwas mache – ich verwandle das Unglück von etwas, das mir widerfährt zu etwas, mit dem *ich* etwas anstelle, rücke es in einen selbstgeschaffenen Zusammenhang, verwende es dazu, mir zu demonstrieren, dass ich stark bin, ordne es dadurch auf mich hin, man könnte auch sagen (und hier sind wir wieder bei Frankl): Ich mache das Unglück zu etwas, das mir eine Frage stellt, und ich muss die richtige Antwort darauf finden. Das heißt nicht, dass das Unglück als solches sinnvoll wäre - es ist besser und angenehmer, Erfolg zu haben, materiellen Erfolg, gesellschaftlichen Erfolg (die dazugehörigen Ambivalenzen hier mal beiseitegelassen) -, aber es gibt mir die Möglichkeit, mich zu bewähren, und auf diese Bewährung kann ich stolz sein: Ich habe die Chance, Fähigkeiten zu entwickeln, Qualifikationen zu erwerben, die nirgendwo anders gelehrt werden. Einschränkungen der Bewegungsmöglichkeiten, des Aktionsradius, ja der Erlebnisfähigkeiten *können* dem Leben mehr Tiefe geben, aber nicht immer ist die Bilanz der Güterabwägung so positiv wie im Falle Alberto Moravias, der als 9-Jähriger an Knochentuberkulose erkrankte und viele Jahre in Sanatorien zubrachte, bevor er mit 18 genas und zum Schriftsteller wurde. Nochmal gutgegangen, könnte man sagen.

Vertrauen

Die Situation des kranken Alberto in seinem Bett im Sanatorium, wo er anfing, Shakespeare, Dickens, Gogol und Dostojewskij zu lesen, erinnert nicht von ungefähr an die des 21-Jährigen am Tisch der

84

Caféteria in Marburg: Was hier die Tisch-, ist dort die Bettkante, und hier wie dort ist der Stoff, dem der enggesteckte Rahmen Gestalt verleiht, das eigene Leben. Es ist ein Fest der Reduktion, das der junge Alberto tief im Innersten gefeiert haben wird, als er – ich möchte glauben, es war noch zu der Zeit seiner Sanatoriumsaufenthalte – zum ersten Mal einen Stift zur Hand nahm, um die Leere der im Sekundentakt vergehenden Augenblicke mit Zeichen zu füllen. Wie eine Frage brachte sich ihm die Leere zu Gehör, und er fand die richtige Antwort darauf. Alle Zeit der Welt stand ihm zur Verfügung, jedes Wort bis in seine kleinsten Nuancen zu prüfen, bevor er es hinschrieb; in der allmählichen Entfaltung des Gedankens dürfte ihm das Ich zum immer deutlicher werdenden Objekt des Bewusstseins geworden sein. Wo andere sich, ihr Ich an jenem unausweichlichen Punkt des Handelns, den kein Gedanke berührt, jenem Punkt, an dem vollkommene Dunkelheit herrscht, immer wieder aufs Neue in den Tod geben, sich auslöschen, da brachte ihn die Erkrankung zum Leben, gab ihm die Chance, für unbestimmte Zeit im Lichte des Gedankens zu sein. Das taghelle Bewusstsein dessen, den eine Verletzung, ein Mangel daran hindert, am Leben jenseits der Kante, am turbulenten, chaotischen Leben der Tat und des Handelns teilzunehmen, wird das Ich mit klaren, leuchtenden Umrissen vor sich hinstellen und daran arbeiten können wie ein Bildhauer. Was der junge Alberto an sich erfuhr, war die Kraft des Bewusstseins, ein Ich zu modellieren, das seine Zeitgenossen schon bald als das Ich eines Schriftstellers identifizieren würden – ganz sicher wäre ihm das nicht gelungen, wenn er nur versucht hätte, „seine Pflicht zu tun": Zwischen der Goetheschen „Forderung des Tages" und der Frage, auf die man eine Antwort finden muss, besteht ein bedeutsamer Unterschied: Die Antwort auf die Frage bedeutet Arbeit an der Ich-Identität, bedeutet Wahl, Abwägung, Betrachtung und Freiheit, der Forderung des Tages zu genügen dagegen ist nichts weiter als ein Reflex.

Allerdings: Die Antwort auf die Frage, die dem jungen Alberto die Leere und Stille seines Krankenzimmers stellte, bestand darin, dass er sich als Schriftsteller entwarf. Ist Schreiben aber nicht auch eine Art des Handelns? Gibt es nicht auch im Akt des Schreibens jene Momente der Versenkung, in denen ICH vernichtet ist, jene Momente vollkommenen Dunkels, der Preisgabe, der Auslöschung eines reflektierten Bewusstseins, die Merkmal jeden Handelns sind?

Sollte ich zum Beispiel nur so schnell schreiben, dass meine Gedanken jederzeit die Kontrolle über das behalten, was ich da zu Papier bringe? Muss ich, indem ich schreibe, imstande sein, das, was ich schreibe, vor einer wie auch immer gearteten Instanz zu verteidigen? Muss ich schließlich zu jedem Moment des Schreibprozesses bereit und fähig sein, andere oder mich selbst über den Sinn und Zweck dessen, was ich da tue, zu unterrichten?

Wer mit dem Schreiben Erfahrung hat, weiß, dass die Antwort in allen drei Fällen nur lauten kann:

Nein, natürlich nicht. Ich bin sogar versucht, dem ein „Um Himmels willen!" hinterherzuschicken. Nichts blockiert den Schreibfluss zuverlässiger als ängstliche Selbstkontrolle, und wer es nicht wagt, schneller zu schreiben, als er denken kann, wer obendrein ein Wort nur stehen lassen kann, wenn es der kritischen Prüfung durch den inneren Zensor standhält, wer es zuguterletzt für nötig hält, sich immer wieder neu vom Sinn dessen, was er da tut, zu überzeugen, der wird beim Schreiben, insbesondere beim Schreiben eines Romans, sehr schnell an seine Grenzen stoßen.

Keiner hat die Schrecken kritischer Selbstkontrolle so eingehend beleuchtet wie Dieter Wellershoff in seinen Essays. In *Erkenntnisglück und Egotrip. Über die Erfahrung des Schreibens* schildert er die Qualen Gustave Flauberts bei der Arbeit an *Madame Bovary*, die „hochbewusste, heikle Arbeitsweise", die „einer gefährlichen Selbsthemmung nahe verwandt"[39] gewesen sei, und er zitiert Flaubert mit einem Brief, den dieser an George Sand schrieb: „Sie wissen nicht, was es heißt, den ganzen Tag zu sitzen, den Kopf in beide Hände gepresst, und sein unglückliches Hirn zu zermartern, um ein Wort zu finden. Bei Ihnen fließt der Gedanke breit und unaufhörlich wie ein Strom. Bei mir ist er ein dünnes Rinnsal. Ich muss große kunstvolle Arbeiten unternehmen, bis ich einen Wasserfall erhalte. Oh, ich kann sagen, dass ich die Schrecken des Stils kennengelernt habe."[40] Dass Flauberts Schreibfluss immer wieder stockt, hat mit der rigiden Kontrolle zu tun, der er sein Schreiben unterwirft: Nachdem seine Freunde Maxime Du Camp und Louis Bouilhet, beide ihrerseits Schriftsteller, ihm geraten hatten, er solle seine – noch stark vom romantischen Ideal geprägte - *Versuchung des heiligen Antonius* ins Feuer werfen[41], kam es ihm nun darauf an, Satz für Satz des neuen Romans, den er in Angriff nahm (nämlich *Madame Bovary*), im Geiste eines ganz und gar neuen Stilideals zu formulieren. Für unseren Zusammenhang ist weniger dieses Ideal als solches interessant, als vielmehr die ängstliche Wachsamkeit, mit der Flaubert sich daran hindern will, in einen Stil zurückzufallen, der kraft Beschluss nicht mehr der seine sein soll.

Man könnte – in Abwandlung der Definition Thomas Manns – sagen: Zur Kunst wird Schreiben nur dann, wenn es im Lichte des Gedankens stattfindet, und das ist sicher nicht falsch, denn anders kann, wer schreibt, überhaupt keinen Stil entwickeln. Aber sich unentwegt selbst beim Schreiben zuzusehen, an der Schwelle zwischen dem inneren (und unsichtbaren) Geschehen des Schreibens und eben jener Außenwelt zu stehen, deren Blicken man das fertige Erzeugnis schließlich wird präsentieren müssen, gefährdet Unmittelbarkeit und Spontaneität. Der kritische Zensorblick, den Flaubert auf sein eigenes Schreiben wirft, soll den Formulierungen ihre Selbstverständlichkeit nehmen – und hat auch tatsächlich die gleiche Wirkung, die der von außen kommende Blick des Altenpflegeschülers auf die Handgriffe der Praxisanleiterin ausübt: So wie diese sich einen Moment fragt, ob es nicht zumindest *möglich* wäre, beim bettlägerigen Bewohner erst den Arm, der ihm zunächst liegt, zu waschen und dann den anderen, so kann der Schriftsteller, um hier noch einmal eine Formulierung Dieter Wellershoffs aufzugreifen, tatsächlich „jeden Satz umstellen, jeden Gedanken so und so inszenieren, jede Geschichte auf vielfältige Weise erzählen"[42], aber es scheint genau diese Unruhe und Irritation, die Zumutung des taghellen Bewusstseins zu sein, der Flaubert sich willentlich aussetzt, geht es doch um nichts Geringeres als die Konstruktion einer neuen Schriftstelleridentität, schreibend modelliert er das Ich des Begründers einer neuen Literatur, und *deshalb* muss dieses Schreiben ein so schmerzhaft und qualvoll bewusstes sein – das Ich ist Objekt des Bewusstseins, und vor dem Verlust dieses Ich, in dessen anspruchsvolle Konstruktion Flaubert soviel Energie gesteckt hatte, davor, es vielleicht einmal nicht wiederzufinden, wenn er sich im Schreiben gehenließe, fürchtet er sich so, dass er den Mut zu jenem Wechsel, ohne den auch Schreiben nicht funktioniert, nicht aufbringt (dass ein Werk wie *Madame Bovary* bei aller Gefährdung seines Verfassers trotzdem entstehen konnte, spricht für die Größe dieses Schriftstellers): Der erforderliche Wechsel ließe sich, auf das Schreiben angewandt, als Wechsel zwischen dem Dunkel des geschriebenen Augenblicks und der kritischen Prüfung des Geschriebenen im Lichte des Gedankens darstellen.

Und vergessen wir nicht: Der 18-jährige Alberto – und das ist für uns nicht nur Wirklichkeit, sondern auch ein Bild, das den Unterschied zu Flaubert deutlich macht, der, nachdem er ein paar Reisen unternommen hatte, sein ganzes Leben im Haus seiner Familie nahe Rouen zubrachte – genas, stand auf, ließ, wahrscheinlich noch etwas wacklig in den Knien, die Sicherheit einer sich von Tag zu Tag gleichbleibenden, eng abgesteckten Umgebung hinter sich und begab sich hinein in das oft so schmerzhaft gestaltlose Leben, jene Wirklichkeit von fadenscheiniger Beschaffenheit, die schon manchen Schriftsteller in tiefste Verzweiflung gestürzt haben dürfte, der zuvor durch die schöpferische Arbeit an der Gestaltwerdung zu einem glücklich machenden Selbstgefühl fand. Über die verzweifelten Momente Moravias wissen wir nichts, aber dass er mit 22, vier Jahre nach seiner Genesung, seinen ersten Roman, *Die Gleich-gültigen* (übrigens auf eigene Kosten) veröffentlichte und zu einem der erfolgreichsten Schriftsteller Italiens wurde, ist bekannt. Und ganz sicher hat er den Wechsel kennengelernt – nicht nur beim Schreiben, auch im Leben. Er war keiner, der es nicht geschafft hätte, sich vom Tisch loszureißen, seine Arbeit als kritischer Journalist im fa-schistischen Italien (dem bald Schreibverbot erteilt wurde) und viele Jahrzehnte später als Ab-geordneter der Kommunistischen Partei im Euro-paparlament zeugen davon. Ganz sicher gab es die Momente, Tage, Jahre, in denen er sich dem Leben gegenüber fühlte. Aber ebenso sicher kannte er das Bad des verändernden, zeitvergessenen Augen-blicks, der das Bewusstsein auslöscht, des Augenblicks, aus dem wir auftauchen als ein anderer – ein anderer, in dem wir – und hier braucht es Mut, braucht es Zuversicht – trotzdem uns selbst wiedererkennen.

Ich möchte glauben, dass es ein Mangel an diesem Mut war, der mich hat scheitern lassen, Mut, sich Wunden zuzuziehen, hinabzutauchen mit der Zuversicht, wenn man wieder auftaucht an den Rändern des Augenblicks den wiederzufinden, der mit Überzeugung ICH sagen kann, hinabzutauchen mit der Zuversicht, dass das Dunkel an jenem Punkt des Handelns, den kein Gedanke mehr berührt, mich nicht vernichtet, nicht der Tod ist, noch nicht, oder wenn, dann nur der Tod von Eigenschaften, die mich daran hindern würden, weiterzuleben. Dieses Vertrauen in ein Leben, das den Menschen in einem fort verändert, will gelernt sein, wenn man es nicht schon hat. Handelnd sich immer wieder in den Tod zu geben, um, aufatmend, erschöpft, erleichtert, daraus aufzuerstehen, verändert, niemals ganz der, der man vor Augenblicken noch war, das muss sein. Wer sein Leben behalten will, der wird es verlieren, und nur wer bereit ist, sich preiszugeben, sein Leben zu verlieren, der wird es finden.

Ist das so?

Leider gibt es keine Garantie dafür, dass eine Geschichte gut ausgeht. Als ich noch sehr jung war – 20, 25 –, war mir das nicht bewusst, und ich glaube heute, dass es *das* ist, was den 48-Jährigen, der ich jetzt bin, von dem 20-Jährigen, der ich einmal war, unterscheidet.

Trotzdem, ich sehe mich dort sitzen, die Tische sind verwaist, ein kaltes Deckenlicht erhellt den Raum bis in die letzten Winkel, und die Bedienung hinter der Theke wirft mir ungeduldige Blicke zu. Okay. Ich packe meine Sachen jetzt doch zusammen, es wird Zeit, den Federhalter nicht vergessen (ich werde ihn vielleicht noch brauchen), und dieses Manuskript hier, das nehme ich mit. Mal gucken, was die Leute dazu sagen. Und morgen? Da komm ich wieder. Die Vorlesungen sind langweilig, die Nachmittage lang, und außerdem: Kenn ich denn hier irgendjemanden?

Dank an Lena Sundheimer für die redaktionelle Durchsicht des Manuskripts, Marianne Beier für kreative Umschlagentwürfe, Stefan Engwald für formatierungstechnisches Problemlösungsgeschick und Ulrike für ihr Vertrauen, ihre Geduld und ihren Blick für Feinheiten der Buchblockerstellung.

Anmerkungen

1 Die Idee spielt auf „Trinity I" des belgischen Künstlers
  Kris Martin an: Martin hat aus einer Anzeigetafel, wie
  wir sie von Flughäfen und Bahnhöfen kennen, alle
  Buchstaben und Ziffern entfernen lassen. Jedes Mal,
  wenn die Anzeigeschildchen ratternd umklappen, keimt
  für einen Moment im Betrachter die Hoffnung, jetzt
  werde die Abfahrtszeit eines Zuges angezeigt – aber die
  Hoffnung wird jedes Mal aufs Neue enttäuscht, die Tafel
  bleibt schwarz.

2 „Szenen einer Ehe", Regie: Ingmar Bergmann.
  Erscheinungsjahr: 1973. Hauptdarsteller: Liv Ullmann
  als Marianne und Erland Josephson als Johan.

3 Gernot Wolfgruber. „Verlauf eines Sommers". Deutscher
  Taschenbuch Verlag, 1984, S. 272. Die geb. Ausgabe
  erschien 1981 im Residenz Verlag.

4 Anspielung auf Heiner Goebbels/Heiner Müller: „Der
  Mann im Fahrstuhl", Hörcollage von 1987.

5 Johann Wolfgang von Goethe. „Maximen und
  Reflexionen". Kindle E-Book, Kommentierte Gold
  Collection, Mit einer bio-bibliografischen Einführung
  von Joseph Meyer, Location 2261-65

6 In Siegfried Lenz' Roman „Deutschstunde"

7 Vorbild für Nansen war der Maler Emil Nolde

8 „Schuld und Sühne" von Fjodor M. Dostojewskij, „Das
  Bildnis des Dorian Gray" von Oscar Wilde, „Licht im
  August" von William Faulkner

9 „Seitdem die Magd Romane liest / Wird deutsche
  Redlichkeit vermißt", reimte das „Wochenblatt der Stadt
  Donauwörth" 1834. ;-) Zitiert nach: Peter Klumbach:
  „Geschichten vom Papier", Feldmühle AG, 1989. Und
  der Schriftsteller und Pädagoge Heinrich Zschokke

(„Hans Dampf in allen Gassen") konstatiert 1821: „Die Lesesucht ist eine unmäßige Begierde, seinen eigenen, unthätigen Geist mit den Einbildungen und Vorstellungen Anderer aus deren Schriften vorübergehend zu vergnügen." In: „Stunden der Andacht zur Beförderung wahren Christenthums und häuslicher Gottesverehrung." Fünfter Band. Andachtsbuch für die Jugend. Sechste verbesserte Original-Ausgabe. Aarau (Heinrich Remigius Sauerländer) 1821, S. 133. Der schottische Pastor Horatius Bonar, ein zu seiner Zeit prominenter Verfasser erbaulicher Werke, die im englischsprachigen Raum auch heute noch gedruckt werden, warnte in einem Ratgeber für Menschen, die sich zum Glauben bekehrt hatten, noch 1861: „Shun novels; they are the literary curse of the age; they are to the soul what ardent spirits are to the body. If you be a parent, keep novels out of the way of your children. But whether you be a parent or not, neither read them yourself, nor set an example of novel-reading to others. Don't let novels lie on your table, or be seen in your hand, even in a railway carriage." Zitiert nach: Tony Reinke: „Lit! A Christian Guide to Reading Books". Crossway, 2011. S. 119.

10 Thomas Mann. Pariser Rechenschaft. Insel-Bücherei Nr. 815. Frankfurt/M., 1964. S. 37.

11 Gerhard Richter Painting. Ein Film von Corinna Belz. Erscheinungsjahr: 2011.

12 Vgl. Johann Hoffmann-Herreros: „Dag Hammarskjöld. Politiker – Schriftsteller – Christ". Matthias-Grünewald-Verlag, 1991. (Topos-Taschenbücher, Bd. 209)

13 Die deutsche Übersetzung trägt den Titel „Zeichen am Weg". Droemersche Verlagsanstalt Th. Knaur Nachf., 1965.

14 Ernst Bloch. Z.B. in „Geist der Utopie", Suhrkamp, 1964. S. 251 – 256. (Es handelt sich um die zweite

Fassung des Buches von 1923.) Dieter Wellershoff hat die Wendung Blochs in seinen Essays in den letzten Jahrzehnten vielfach aufgegriffen, z.B. in: „Erkenntnisglück und Egotrip. Über die Erfahrung des Schreibens".

15 Luchino Visconti: „Gewalt und Leidenschaft" (ital. Titel: „Gruppo di famiglia in un interno"), Hauptdarsteller: Burt Lancaster, Helmut Berger, Silvana Mangano, Claudia Marsani. Erscheinungsjahr: 1974.

16 Die Phantastischen Vier. „Die da". Wie vermutlich allgemein bekannt, ist in dem Song der inhaltliche Zusammenhang ein anderer: Zwei Freunde stellen zu ihrer Überraschung fest, dass sie seit Wochen derselben Frau Geschenke machen. Erscheinungsdatum: 1992.

17 Jean-Paul Sartre: „Die Transzendenz des Ego", in: „Die Transzendenz des Ego. Philosophische Essays, 1931-1939" Rowohlt Taschenbuch Verlag, 1987. S. 51. Der Essay entstand 1936.

18 Daselbst, S. 51. Sehr schön hat diesen Sachverhalt 30 Jahre früher bereits der deutsche Lyriker Arno Holz auf den Punkt gebracht: In seinem Gedicht „Letztschöpferische Erkenntnis" von 1898/99 heißt es u.a.: „Du bist nicht!/Du bist der blaue, verschwebende Rauch, der sich aus/deiner Zigarette ringelt, / der Tropfen, der eben aufs Fensterblech fiel, /das leise, knisternde Lied, das durch die Stille deiner/Lampe singt."

19 Dietrich Bonhoeffer. „Gemeinsames Leben". Chr. Kaiser/ Gütersloher Verlagshaus GmbH, 1987. S. 59. Erstveröffentlichung des Buches: 1939.

20 Transzendenz des Ego, S. 51.

21 Daselbst, S. 85.

22 Ich beziehe mich auf die englischsprachige Übersetzung: Brother Lawrence. „The Practice of the Presence of God". Die Gesprächsaufzeichnungen und

Briefe sind im englischsprachigen Raum sehr populär, in Deutschland dagegen wenig bekannt – obwohl bereits im 18. Jhd der pietistische Mystiker Gerhard Tersteegen die Texte ins Deutsche übersetzte und mit einer biografischen Darstellung und Kommentaren versehen herausgab. In jüngerer Zeit erschienen verschiedene deutsche Ausgaben, z.B.: „Die Gegenwart Gottes. Eine wirkliche Erfahrung. Gespräche und Grundsätze von Bruder Laurentius". Lorber & Turm, 7. Aufl., 1993. Oder: Bruder Lorenz/Reinhard Deichgräber: „All meine Gedanken sind bei dir: In Gottes Gegenwart leben". Neufeld Verlag, 2. Aufl., 2009.

23 Thomas von Kempen: „Die Nachfolge Christi". Verlag Butzon & Bercker, 1987. Die Niederschrift des ursprünglich in lateinischer Sprache abgefassten Textes datiert sehr wahrscheinlich auf das Jahr 1441. Der Text besteht aus vier Büchern mit zahlreichen Kapiteln und Abschnitten. Wegen der unzählbar vielen Ausgaben, die es von diesem mystischen Erbauungsbuch gibt, ist es üblich geworden, nicht mit Angabe der Seitenzahl zu zitieren, sondern mit Angabe von Buch, Kapitel und Abschnitt. Das wäre hier: 2.1.5

24 Marc Aurel: „Selbstbetrachtungen". Insel Verlag, 1992. S. 52.

25 Daselbst, S. 78.

26 Daselbst, S. 137.

27 Bonhoeffer, S. 59 f.

28 Daselbst, S. 60.

29 Daselbst, S. 60.

30 Thomas Mann: „Die Buddenbrooks", Theodor Fontane: „Effi Briest", William Somerset-Maugham: „Der Menschen Hörigkeit", Leo Tolstoi: „Krieg und Frieden"

31 Jean-Paul Sartre: „Die Wörter". Rowohlt Taschenbuch Verlag, 1968. Erstausgabe des französischen Originals: 1964.

32 Hat er? Ich bin mir sicher, dass er hat, konnte aber die Belegstelle trotz ausgiebiger Recherche nicht ausfindig machen. Das Thema „Quellennachweis und Erinnerung" könnte man wahrhaftig zum Gegenstand eines eigenen Essays machen. ;-)

33 Aus einem Brief an Kurt Martens. Zitiert nach Klaus Schröter: „Thomas Mann" Rowohlts Monographien, 1964. S. 62.

34 z.B. in Viktor E. Frankl: „Der Mensch vor der Frage nach dem Sinn". Piper Verlag, 1985. S. 240.

35 Nachzulesen in: Frankl: „...trotzdem Ja zum Leben sagen. Ein Psychologe erlebt das Konzentrationslager". Deutscher Taschenbuch Verlag, 1982.

36 Der katholische Theologe Klaus von Stosch hat diese Wendung Levinas' in den vergangenen Jahren im Zusammenhang mit der Theodizee-Debatte verstärkt in die Diskussion gebracht, z.B. in einer Vortragsreihe zum Problem der Theodizee – also der Rechtfertigung Gottes angesichts des Leids in der Welt – 2005 in der Karl-Rahner-Akademie in Köln. Ich hatte das Vergnügen, ihm in dieser Veranstaltung zuzuhören.

37 Die Bibel. Röm 12,15

38 Der Mensch vor der Frage nach dem Sinn, S. 278.

39 Dieter Wellershoff: „Erkenntnisglück und Egotrip. Über die Erfahrung des Schreibens" in derselbe: „Wahrnehmung und Phantasie. Essays zur Literatur", Kiepenheuer & Witsch, 1987. S. 169.

40 Zitiert nach Wellershoff, S. 170.

41 Eine beeindruckende Schilderung dieser denkwürdigen Episode findet sich in: Dieter Wellershoff: „Der Roman und die Erfahrbarkeit der Welt". Kiepenheuer & Witsch, 1988. S. 53-56.

42 Wellershoff: „Erkenntnisglück und Egotrip", S. 172.